# HERNANDES DIAS LOPES

# JOÃO BATISTA
## O MENSAGEIRO DO REI

© 2021 Hernandes Dias Lopes

1ª edição: janeiro de 2021
2ª reimpressão: fevereiro de 2023

REVISÃO
Priscila Porcher
Sônia Lula

DIAGRAMAÇÃO
Catia Soderi

CAPA
Douglas Lucas

EDITOR
Aldo Menezes

COORDENADOR DE PRODUÇÃO
Mauro Terrengui

IMPRESSÃO E ACABAMENTO
Imprensa da Fé

As opiniões, as interpretações e os conceitos emitidos nesta obra são de responsabilidade do autor e não refletem necessariamente o ponto de vista da Hagnos.

Todos os direitos desta edição reservados à
EDITORA HAGNOS LTDA.
Rua Geraldo Flausino Gomes, 42, conj. 41
CEP 04575-060 — São Paulo, SP
Tel.: (11) 5990-3308

E-mail: hagnos@hagnos.com.br
Home page: www.hagnos.com.br

Editora associada à:

ASSOCIAÇÃO BRASILEIRA DE
DIREITOS REPROGRÁFICOS

Dados Internacionais de Catalogação na Publicação (CIP)
Angélica Ilacqua CRB-8/7057

Lopes, Hernandes Dias

   João Batista: o mensageiro do Rei / Hernandes Dias Lopes. — São Paulo: Hagnos, 2021.

   ISBN 978-85-86048-61-2

   1. João Batista 2. Personalidades cristãs I. Título

20-4216                                                                 CDD-232.94

Índices para catálogo sistemático:
1. João Batista

# Sumário

Prefácio • 7

Introdução • 11

1. Seu nascimento foi um milagre • 25

2. Sua vida foi um exemplo • 41

3. Sua morte foi um mistério • 99

4. Eu sou João Batista • 113

Dedico este livro ao reverendo Rosther Guimarães Lopes, pastor da Igreja Presbiteriana Unida de São Paulo, homem piedoso, vaso de honra nas mãos do Altíssimo, pregador fervoroso da Palavra, amigo precioso, bênção de Deus em minha vida e em meu ministério.

# Prefácio

João Batista é a dobradiça entre o Antigo e o Novo Testamento. Ele fecha o Antigo e abre o Novo. Ele veio no espírito e no poder de Elias para converter o coração dos pais aos filhos e o coração dos filhos aos pais (Malaquias 4.5,6). Ele é filho de Zacarias e Isabel, precursor do Messias, chamado para preparar o caminho do Senhor.

Depois de quatrocentos anos de silêncio profético, a voz de Deus veio a João, no deserto da Judeia. A voz de Deus não veio a Tibério César, em Roma, nem a Pôncio Pilatos, em Cesareia Marítima. A voz de Deus não veio a Herodes Antipas, na Galileia, nem a Anás e Caifás, em Jerusalém. A voz de Deus veio a um homem estranho, que vestia roupas estranhas, que se alimentava de comidas estranhas e que pregava num lugar estranho. Mesmo assim, as multidões rumavam ao deserto para ouvi-lo. O sucesso ministerial de João foi estrondoso.

Vieram a ele fariseus e saduceus, soldados e publicanos. Sua voz soou no deserto com tanta eloquência que as multidões deixaram cidades e aldeias para ouvi-lo no causticante deserto da Judeia.

A mensagem de João Batista não era composta de amenidades. Ele pregava batismo de arrependimento para remissão de pecados. Confrontou com coragem resoluta as multidões, os soldados, os cobradores de impostos, os fariseus e os saduceus. Denunciou o pecado de Herodes e não calou sua voz por conveniência. João Batista não era alfaiate do efêmero, mas escultor do eterno. Não gastou tempo tratando de uma agenda meramente horizontal. Lidou com as questões eternas. Colocou o machado da verdade na raiz do superficialismo religioso de sua época. Não propôs reformas sociais nem entrou no jogo político de seu tempo. Chamou homens e mulheres ao arrependimento. Mostrou-lhes a urgência do arrependimento para que recebessem a remissão de pecados.

Quando as multidões se dobraram diante de seu sucesso incomum, passaram a cogitar se ele mesmo não seria o Messias. Com voz aveludada e com palavras sedutoras, fizeram chegar aos ouvidos de João Batista esta pergunta tentadora: "Porventura não és o Cristo?" (Lucas 3.15). João não engoliu a isca venenosa.

# Prefácio

Se ele tivesse cedido à essa sugestão perigosa, poderia ter pensado: "Bom, na verdade eu sou um fenômeno. Faz quatrocentos anos que ninguém vê o que está acontecendo. As multidões vêm ao meu encontro no deserto. Os corações mais duros são abatidos pelo poder da minha pregação. Além disso, já tenho o povo a meu favor. Se eu me declarar Messias, posso fazer uma grande revolução".

João Batista, porém, não engoliu a isca venenosa. Ele foi categórico e afirmou: Eu não sou o Messias, mas apenas o seu precursor. Eu não sou o Verbo; sou apenas uma voz que clama no deserto. Eu não sou a Luz; vim, no entanto, para testificar da Luz, a saber, a verdadeira Luz que, ao vir ao mundo, ilumina todo homem, a fim de que todos venham a crer nele. Eu não sou o Cordeiro de Deus. Aponto para Ele e afirmo: "Eis o Cordeiro de Deus que tira o pecado do mundo!" (João 1.29) Eu não sou o Noivo; sou apenas amigo do Noivo. Eu batizo com água, mas Aquele que é mais poderoso do que eu batizará com o Espírito Santo e com fogo. Eu não sou digno de me encurvar para desatar as correias de suas sandálias. Tenho um lema de vida: "Convém que Ele cresça e que eu diminua" (João 3.30).

Batista nasceu por um milagre divino. Ele viveu para pregar o evangelho. Morreu como um mártir da fé. Mesmo morto, ainda fala. Sua vida nos inspira, seu exemplo nos desafia, seu legado nos enche o peito de esperança.

Que a leitura deste livro desperte a sua alma a viver em Cristo, com Cristo e para Cristo.

HERNANDES DIAS LOPES

# Introdução

Quero apresentar aqui um dos maiores homens do mundo. Esse homem não se sentiu digno de desatar as correias das sandálias de Jesus, mas acerca dele Jesus disse: "entre os nascidos de mulher, ninguém é maior do que João" (Lucas 7.28). Vejo aqui a grandeza da humildade. Quem é esse homem? Muitos tentam encontrá-lo na galeria dos grandes mestres gregos, mas esse homem não foi Sócrates, nem Platão, nem Aristóteles. Esses corifeus do conhecimento filosófico deixaram um rastro luminoso de influência nas futuras civilizações, mas nenhum deles alcançou esse posto singular.

Outros tentam encontrar esse homem na lista dos grandes reis dos impérios antigos, mas ele não nasceu na terra das pirâmides milenares. Não foi Nabucodonosor, o construtor da magnificente cidade da Babilônia. Tampouco foi o grande general Ciro nem o poderoso Dario, que conquistaram com perícia militar a imponente cidade da Babilônia, a inexpugnável capital dos caldeus. Esse homem não foi Alexandre Magno, o general grego e conquistador inveterado que morreu aos 33 anos de idade, chorando por não ter mais terras para conquistar. Esse homem não está entre os césares de Roma: Júlio César, César Augusto, Tibério César, Calígula, Cláudio, Nero, Vespasiano, Domiciano, Sétimo Severo, Décio, Diocleciano, os quais amealharam riquezas, viveram no fausto, empunharam o bordão do poder com grande soberba, embora todos tenham seu candeeiro apagado e sua glória coberta de poeira.

Ainda há aqueles que hoje pensam que o perfil desse homem cabe na moldura dos grandes generais e déspotas dos tempos modernos, mas nem Napoleão, nem Hitler, nem Mussolini, nem Stalin, nem Mao Tsé-Tung alcançaram essa honra. Esses homens governaram com mão de ferro e com punho de aço. Conquistaram cidades e fizeram retroceder, diante de sua força, exércitos inteiros. Hitler matou cerca de 0,7% da população mundial; Stalin, 1,3%; e Mao, 2,3%. Com truculência, fizeram trepidar a terra com suas marchas triunfais. Com ferocidade assassina mataram milhões de pessoas, encharcando a terra de sangue. Só a menção de seus nomes causa, ainda hoje, dor profunda em muitos. Tais déspotas construíram monumentos a si mesmos e deixaram um rastro inglório de miséria, opressão e mortes. Foram temidos, mas não amados. Foram grandes na terra, mas desprezados no céu.

O homem de quem Jesus fala não foi Abraão, nem Moisés, nem Elias, nem mesmo Pedro ou Paulo. Esse homem não é encontrado na esteira dos patriarcas, nem na escola de profetas, nem mesmo entre os mais ilustres apóstolos. Nessa luminosa constelação, homens de grande envergadura moral e espiritual foram levantados por Deus e deixaram marcas indeléveis na história da humanidade, mas não está entre eles aquele que Jesus Cristo afirmou ser o maior entre os nascidos de mulher (Mateus 11.11).

Se o maior homem dos nascidos de mulher não está nessa plêiade ilustre e galeria dos notáveis, onde poderíamos encontrá-lo?

Esse homem veio de uma família pobre, cresceu como um homem pobre e teve uma carreira meteórica sobre a terra. Foi o precursor do Messias, o último profeta da antiga dispensação. Seu nome é João Batista. Entre os nascidos de mulher, ninguém foi maior do que ele. Quem disse isso foi Jesus: "E eu vos digo: entre os nascidos de mulher, ninguém é maior do que João"

(Lucas 7.28a). Jesus não tem uma mera opinião entre muitas; Ele tem a palavra final.

Para espanto nosso, esse homem singular nasceu em uma família pobre, foi um homem pobre e jamais ostentou riqueza nem poder. Não se vestia de forma elegante, ostentando grifes famosas, mas vestia-se com pelos de camelo e com um cinto de couro: "Usava João vestes de pelos de camelo e um cinto de couro" (Mateus 3.4a). Não era dado aos banquetes requintados, com talheres de prata e taças de cristal, mas alimentava-se de gafanhotos e mel silvestre: "a sua alimentação eram gafanhotos e mel silvestre" (Mateus 3.4b). Não vivia nos palácios, embriagado de vaidade, debaixo dos holofotes do poder, circulando pelos cobiçados corredores da fama, mas vivia no deserto inóspito da Judeia: "O menino crescia e se fortalecia em espírito. E viveu nos desertos até ao dia em que havia de manifestar-se a Israel" (Lucas 1.80).

João Batista não escreveu nenhum livro sequer, não realizou nenhum milagre, não se casou nem teve filhos. Passou os últimos dias de vida numa cadeia e morreu jovem sem deixar herança alguma. Esses traços de sua biografia empurrariam João Batista para a lateral da fama num mundo embriagado pelo sucesso como o nosso. Ele seria considerado um homem esquisito, antissocial e avesso aos refinados hábitos sociais. Se João Batista vivesse hoje, seria combatido severamente pelos religiosos por seu estilo direto e contundente de abordar os ouvintes. Chamar um auditório hoje de "raça de víboras" é enterrar a carreira de pregador. Hoje queremos muito mais agradar aos homens do que honrar a Deus. Queremos ser mais populares do que fiéis. Queremos arrancar aplausos dos homens mais do que lhes conduzir ao arrependimento.

João Batista, porém, não perdia tempo com banalidades nem fazia da pregação um entretenimento para seu auditório. Ele precisa ser conhecido ainda hoje pelos que aspiram viver de modo digno de Deus.

Precisamos responder a estas três perguntas de fundamental importância:

1. Quais foram os atributos desse gigante de Deus?
2. Que virtudes ornaram seu caráter?
3. Que convicções governaram sua vida?

Vejamos:

## JOÃO BATISTA, UM HOMEM COM UMA MISSÃO

O evangelista Lucas escreve: "voz do que clama no deserto: Preparai o caminho do Senhor, endireitai as

João Batista — o mensageiro do Rei

suas veredas" (Lucas 3.4b). João Batista não era um eco; era uma voz. Ele não apenas proferia a verdade, mas era boca de Deus. Ele não apenas pregava com eloquência humana, mas com poder divino. Sua vida era irrepreensível, suas palavras eram irresistíveis; e suas obras, irrefutáveis. Hoje, há muitas palavras no púlpito, mas pouco poder. As pessoas escutam de nós belos discursos, mas não veem em nós vida piedosa.

Na verdade, não basta ser um eco, é preciso ser uma voz. Não basta proferir a Palavra de Deus, é preciso ser boca de Deus. Não basta carregar o bordão profético como Geazi; é preciso ter poder espiritual como Eliseu. Não basta pregar aos ouvidos; é preciso também pregar aos olhos. Não basta falar aos homens da parte de Deus; é preciso falar com Deus acerca dos homens. É preciso conhecer Deus na intimidade.

A mensagem de João Batista era clara e direta. Ele não era um homem instável nem se dobrava diante de pressões do ambiente ou ameaças dos homens. Nas palavras de Jesus: ele não era um caniço agitado pelo vento (Mateus 11.7-11). João não se intimidava diante dos poderosos nem fugia de sua rota movido pela sedução.

Hoje vemos muitos líderes que vendem seu ministério, negociam valores absolutos, mercadejam o evangelho. João não era desse jaez. Era um homem comprometido com a verdade. Não transigia com os valores absolutos. Corajosamente, denunciava o pecado no palácio e na choupana. Erguia a voz contra os pecados do rei Herodes, dos religiosos, dos soldados, dos cobradores de impostos e do povo. João Batista era semelhante a uma lâmpada que ardia e iluminava (João 1.6-9). Ele não era a Luz; era como uma vela que ardia com a mesma intensidade durante toda sua vida. Ele tinha plena consciência de sua missão: preparar o caminho do Senhor!

## JOÃO BATISTA, UM HOMEM COM UMA MENSAGEM

O evangelista Lucas, registrando a pregação de João Batista, escreve: "Produzi, pois, frutos dignos de arrependimento" (Lucas 3.8a). A palavra pregada por João Batista era a palavra de Deus; não palavras de homens. Depois de quatrocentos anos de silêncio profético, "a palavra de Deus veio a João; filho de Zacarias, no deserto" (Lucas 3.2), e João Batista apareceu pregando sobre arrependimento para remissão de pecados. A nação havia se desviado de Deus. A religião estava corrompida. Os palácios estavam de mãos dadas com a violência. A economia estava abalada e os exploradores tornaram a vida dos pobres ainda mais amarga. Os soldados exorbitavam em seu trabalho, extorquindo pessoas indefesas, recebendo propinas para não fazerem denúncias falsas (Lucas 3.14). A religião estava nas mãos dos saduceus, uma classe sacerdotal rendida ao liberalismo teológico e à ganância financeira. Os fariseus, na tentativa de resgatar a ortodoxia, perderam-se numa infinidade de regras mesquinhas e hipócritas. A tessitura moral da nação estava rota. O jugo estrangeiro fazia gemer o povo, que tinha de entregar o melhor do seu trabalho a seus opressores. A pobreza estendia seus tentáculos às famílias desesperadas. A fome assolava uma população desprovida de esperança. É nesse contexto que João Batista entra em cena, com uma contundente e poderosa mensagem de arrependimento.

A pregação sobre o arrependimento nunca foi e jamais será uma mensagem popular e palatável, mas João Batista não queria agradar aos homens, e sim a Deus. Os tempos são outros; o homem, porém, é o mesmo. A nossa nação está vivendo um tempo de crise sem precedentes. Estamos de luto. As instituições estão enfermas. A corrupção ataca os palácios, as casas legislativas e o poder judiciário. A corrupção na nossa terra é aguda, agônica, endêmica e sistêmica. Está presente em todos os setores da sociedade. Está no DNA da nossa nação.

# Introdução

Precisamos urgentemente de uma reforma moral e espiritual. Precisamos ouvir extrema rapidez a trombeta do arrependimento.

João Batista, o precursor do Messias, deu início à sua missão chamando o povo ao arrependimento. O Messias chegou e iniciou sua carreira pregando arrependimento. O Espírito Santo foi derramado no Pentecostes, e o apóstolo Pedro abriu esse novo tempo pregando arrependimento.

Arrependimento é a grande manchete de Deus aos ouvidos da história. Sem arrependimento, não há remissão de pecados. A conversão é evidenciada pelo arrependimento do pecado e a fé em Jesus Cristo.

Essa é a mensagem que escasseia na maioria dos púlpitos brasileiros. Muitos pregadores já a abandonaram; outros pregam sobre prosperidade, curas, milagres, sucesso, conquistas, pondo sempre o homem no centro do palco.

Muito embora o evangelho produza resultados extraordinários na vida dos que se arrependem e creem, ele não pode ser substituído por mensagens desse tipo, porque não há substituto para o evangelho. Qualquer outra mensagem, ainda que pregada por um anjo, deve ser anátema (Gálatas 1.8).

## JOÃO BATISTA, UM HOMEM COM UMA CONVICÇÃO

O evangelista Lucas prossegue em seu registro: "E também já está posto o machado à raiz das árvores; toda árvore, pois, que não produz bom fruto é cortada e lançada ao fogo" (Lucas 3.9). A mensagem de João Batista era arrepender-se e viver, ou não se arrepender e morrer. Sua mensagem trazia salvação ou condenação. Sua mensagem era um apelo urgente a todos.

O apelo de Deus alcança multidões, religiosos, soldados e publicanos. Deus abrange a todos com sua mensagem. O machado já está posto à raiz. Não dá mais para esperar. O tempo é agora. Deus espera os frutos do arrependimento agora mesmo. A mensagem de Deus mostra o juízo inevitável para quem deixa de se arrepender:

> Dizia ele, pois, às multidões que saíam para serem batizadas: Raça de víboras, quem vos induziu a fugir da ira vindoura? Produzi, pois, frutos dignos do arrependimento, e não comeceis a dizer entre vós mesmos: Temos por pai a Abraão; porque eu vos afirmo que destas pedras Deus pode suscitar filhos a Abraão (Lucas 3.7,8).

A proposta de Deus não é arrependimento e novamente arrependimento, mas arrependimento e frutos de arrependimento. Aqueles que sempre voltam aos mesmos pecados não dão prova de genuíno arrependimento, porque o verdadeiro arrependimento é revelado no abandono do pecado.

Ao cair em si, o filho pródigo abandonou a pocilga em que vivia e correu em direção à casa do pai. Não voltou fazendo exigências, mas rogando misericórdia. Não voltou ostentando supostos direitos, mas confessando sua culpa. Não voltou exigindo ser tratado como filho, mas decidido a ser apenas um trabalhador. O pai o recebe de volta, dá-lhe novamente a dignidade de filho e faz uma festa em sua recepção. Onde há arrependimento verdadeiro aí há salvação genuína.

O arrependimento prepara o caminho para grandes bênçãos. Vejamos:

Em primeiro lugar, *uma bênção sem limites*. Está escrito: "e *toda carne* verá a salvação de Deus" (Lucas 3.6). João Batista preparou o caminho do Senhor, e Ele manifestou-se cheio de graça e de verdade (João 1.14). Como o sol da justiça, Ele trouxe salvação em suas asas para todos os povos (Malaquias 4.2). Na verdade, Jesus veio ao mundo para morrer e comprar para

Deus, com o seu sangue, aqueles que procedem de toda tribo, língua, povo e nação (Apocalipse 5.9).

Quando a igreja se arrepende, o mundo vê a salvação de Deus. Quando a igreja se volta para Deus, o mundo experimenta a salvação de Deus.

Em segundo lugar, *uma bênção inequívoca*. O texto bíblico diz: "e toda carne *verá*" (Lucas 3.6). Em 1966, aconteceu um poderoso reavivamento na Missão Kwasizabantu, sob a liderança do pastor Erlo Stegen. Visitei essa Missão em 1991. Perguntamos ao pastor Erlo Stegen: "O que é avivamento?" Ele respondeu: "Avivamento é preparar o caminho do Senhor para que Ele se manifeste". Preparar o caminho do Senhor é arrepender-se. Quando a igreja se arrepende, a salvação de Deus irrompe além das quatro paredes. Multidões vêm a Cristo. Pessoas fluem aos borbotões, denunciando suas obras e convertendo-se a Cristo.

Resta afirmar que o avivamento que alcança o mundo com a salvação começa com a igreja através do arrependimento.

Em terceiro lugar, *uma bênção indizível*. O texto bíblico conclui: "e toda carne verá *a salvação de Deus*" (Lucas 3.6). Quando a igreja acerta a vida com Deus, algo tremendo acontece no mundo. Aqueles que estavam nas trevas vêm para a luz. Aqueles que estavam atados por grossas correntes do pecado são libertos. Aqueles que estavam mortos recebem vida nova. Esta é a salvação de Deus. Planejada, executada e consumada por Ele. Salvação como oferta da graça. Salvação como fruto do arrependimento e da fé em Cristo Jesus.

Capítulo 1

# SEU NASCIMENTO
# **FOI UM MILAGRE**

O nascimento de João Batista foi um milagre. Zacarias, seu pai, era um homem justo e exercia o sacerdócio no templo de Jerusalém. Isabel, sua mãe, era piedosa, mas estava impossibilitada de ter filhos (Lucas 1.5-7). Eles oravam a Deus por um milagre. Aguardavam o dia em que o ventre estéril de Isabel se tornasse um campo fértil. O Deus que escuta as orações e realiza prodígios resolveu atender à súplica de Zacarias e fazer do filho desse idoso casal o maior homem entre os nascidos de mulher. O nascimento de João Batista foi um milagre por várias razões.

Em primeiro lugar, *sua mãe era estéril e seus pais já eram avançados em idade*. Lucas 1.7 diz: "E não tinham filhos, porque Isabel era estéril, sendo eles avançados em dias". Para Deus não há impossíveis. O mesmo Deus que parece ter chegado atrasado na vida de Zacarias e

Isabel, dando-lhes um filho na velhice, parece ter chegado adiantado na cidade de Nazaré, dando um Filho a Maria em sua juventude, antes de que se casasse com José (Lucas 1.26-38). O tempo de Deus não é o nosso. A agenda de Deus é diferente da nossa. Os caminhos de Deus são mais elevados do que os nossos e os pensamentos de Deus são mais altos do que os nossos. Deus não age na pressão do nosso tempo, mas conforme o conselho da sua vontade, dentro do seu *kairós*, do seu tempo oportuno.

O nascimento de João Batista foi um duplo milagre. Deus tornou fértil o ventre estéril de sua mãe e deu condições a ela de conceber na velhice, depois de passado o tempo de sua fertilidade. O anjo Gabriel encorajou a jovem Maria acerca do poder de Deus para realizar prodígios dizendo-lhe: "E Isabel, tua parenta, igualmente concebeu um filho na sua velhice, sendo este já o sexto mês para aquela que diziam ser estéril" (Lucas 1.36). Foi ainda em relação à concepção milagrosa de João Batista que o anjo Gabriel disse a Maria, mãe de Jesus: "Porque para Deus não haverá impossíveis em todas as suas promessas" (Lucas 1.37).

Pondo-se como donos da verdade, muitos teólogos assentam-se na cadeira de juiz e afirmam categoricamente que Deus não realiza milagres hoje. Asseveram

Seu nascimento foi um milagre

que esse tempo ficou restrito dos apóstolos. Contudo, Deus jamais abdicou de seu direito de ser Deus. Jamais abriu mão de seu poder. Ele é imutavelmente o mesmo Deus (Hebreus 13.8), poderoso em todas as suas obras.

Não raro, a nossa teologia é parecida com a teologia de Marta. Quando Jesus chegou à aldeia de Betânia, após a morte e o sepultamento de Lázaro, seu irmão, ela logo despejou sua mágoa: "Senhor, se estiveras aqui, não teria morrido meu irmão" (João 11.21). Conjugou o verbo no passado. Jesus disse a ela, imediatamente: "Marta, teu irmão há de ressurgir" (João 11.23). Ela, sem titubear, replicou: "Eu sei que ele há de ressurgir *no último dia*" (João 11.24). Então, conjugou o verbo no futuro. Jesus, por sua vez, a corrigiu dizendo: "Marta, eu sou a ressurreição e a vida. Quem crê em mim, ainda que morra, viverá" (João 11.25). Jesus não foi nem será. Ele é a ressurreição e a vida. O Deus que fez ontem é o Deus que faz hoje. Ele não está preso às categorias humanas. Ele não está sujeito ao tempo. O nosso Deus está assentado no trono e faz todas as coisas conforme o conselho de sua vontade (Efésios 1.11)!

Em segundo lugar, *Zacarias estava no templo realizando seu trabalho quando o anjo de Deus lhe*

27

*apareceu.* Assim relata Lucas: "Disse-lhe, porém, o anjo: Zacarias, não temas, porque a tua oração foi ouvida; e Isabel, tua mulher, te dará à luz um filho, a quem darás o nome de João" (Lucas 1.13). O nascimento de João Batista foi resposta de Deus à oração de Zacarias. Certamente esse sacerdote continuamente apresentava sua oração a Deus por anos e anos seguidos. Chegara o tempo em que o nascimento de um filho na família de Zacarias e Isabel dependeria de dois milagres: a concepção para uma mulher já avançada em idade e, além do mais, estéril.

Um anjo de Deus foi o portador da resposta divina. A demora de Deus em responder às nossas súplicas não é sinal de descaso. Ele é soberano e sábio na resposta e também no tempo da resposta. João Batista foi concebido no coração de seu pai antes de ser gerado no ventre de sua mãe. João Batista foi concebido na mente de Deus antes de ser gerado no ventre de Isabel e de ser dado como presente a seus pais. Deus ainda responde às orações. Ele ainda "faz com que a mulher estéril seja alegre mãe de filhos" (Salmos 113.9). Ele ainda escuta os gemidos profundos de dor de uma mulher que derrama a alma em oração e abre-lhe o ventre para conceber. Ele ainda faz brotar água da rocha e abre diante de nós rios no ermo e fontes no deserto. Os ouvidos de Deus ainda estão inclinados ao nosso clamor.

Pela oração, o altar está conectado com o trono. Quando oramos, unimo-nos ao Deus Todo-poderoso, que está assentado na sala de comando do universo. A oração une a fraqueza humana à onipotência divina. Conecta o altar da terra com o trono do céu. O impossível dos homens pode acontecer na história dos homens, pela oração dos homens, homens de Deus.

Não há nada mais revolucionário do que a oração. Quando oramos a Deus, por meio de seu Filho, tocamos o mundo por meio da oração. As causas perdidas tornam-se realidade. Os impossíveis acontecem. Por meio da oração, vemos o invisível, tocamos o intangível, recebemos o impossível.

Em terceiro lugar, *o nascimento de João Batista causou profundo impacto na vida de sua família e do povo.* O evangelista Lucas escreve:

> Em ti haverá prazer e alegria, e muitos se regozijarão com o seu nascimento. Pois ele será grande diante do Senhor, não beberá vinho nem bebida forte, será cheio do Espírito Santo, já do ventre materno. E

converterá muitos dos filhos de Israel ao Senhor, seu Deus. E irá adiante do Senhor no espírito e poder de Elias, para converter os corações dos pais aos filhos, converter os desobedientes à prudência dos justos e habilitar para o Senhor um povo preparado (Lucas 1.14-17).

A seguir, destacamos seis aspectos desse impacto.

## 1. JOÃO BATISTA FOI A ALEGRIA DE SEU PAI

O anjo disse a Zacarias: "Em ti haverá prazer e alegria, e muitos se regozijarão com o seu nascimento" (Lucas 1.14). O nascimento de João Batista trouxe alegria não apenas para sua família, mas para muitas outras pessoas. Ele foi motivo de admiração de todo o povo. Diz a Escritura: "Todos os que as ouviram guardavam-nas no coração, dizendo: Que virá a ser, pois, este menino? E a mão do Senhor estava com ele" (Lucas 1.66). O projeto de Deus é que os filhos sejam fontes de prazer para os pais. Os filhos são a herança de Deus para os pais. Eles devem ser bálsamo, não motivo de choro. Devem ser bênção, não problema. Devem ser motivo de alegria, não de tristeza. João Batista foi um filho obediente, uma bênção dos céus na vida de seus pais, um refrigério para eles na velhice.

Que privilégio Zacarias deve ter sentido ao ver seu filho sendo separado por Deus para ser o precursor do Messias. Que alegria para esse pai saber que Deus havia escolhido seu filho para preparar o caminho do Filho de Deus. Oh, os profetas falaram dele, mas só João Batista olhou para Jesus e disse: "Eis o Cordeiro de Deus, que tira o pecado do mundo!" (João 1.29)

2. JOÃO BATISTA FOI DESTINADO A SER GRANDE NÃO APENAS DIANTE DOS HOMENS, MAS TAMBÉM DIANTE DE DEUS

O anjo disse a Zacarias: "Pois ele será grande diante do Senhor" (Lucas 1.15a). João Batista não seria conhecido apenas na terra e na história, como também, e sobretudo, no céu. Ele nasceu para uma missão, a mais nobre de todas: ser o precursor do Messias.

Hoje, muitas vezes, os pais lutam até a exaustão para que seus filhos sejam bem-sucedidos neste mundo, mas batalham pouco para que eles sejam conhecidos no céu. Lutam por uma glória desvanecente, em vez de buscar uma glória perene. Ser grande na terra pode trazer um prazer momentâneo, mas ser grande aos olhos de Deus é uma recompensa eterna.

## 3. JOÃO BATISTA FOI CONSAGRADO A DEUS COMO NAZIREU DESDE O VENTRE MATERNO

Um nazireu era consagrado a Deus e não podia fazer três coisas: tocar cadáver, beber vinho e cortar o cabelo (Números 6.1-8). Um nazireu nascia com um propósito especial e para uma missão especial. João Batista foi consagrado pelos pais desde o ventre, pois a orientação do anjo a Zacarias fora clara: "não beberá vinho nem bebida forte" (Lucas 1.15b). Zacarias e Isabel cumpriram fielmente a missão de criar João Batista como um menino consagrado a Deus. O menino cresceu bebendo o leite da piedade. Compreendeu desde a infância qual era seu chamado e a natureza de seu ministério. Jamais se apartou do propósito para o qual veio ao mundo.

O mundo precisa de pais que ousem consagrar os filhos a Deus. Os nossos filhos vieram de Deus, são de Deus e devem ser consagrados de volta para Deus (1Sm 1.27,28). Se não dedicarmos os nossos filhos a Deus, poderemos acabar fazendo deles um ídolo na nossa vida. O melhor lugar para colocar nossos filhos continua sendo nas mãos de Deus, para que eles realizem os propósitos divinos. Quando o jovem americano Ashbel Green Simonton (1833-1867), o missionário pioneiro da Igreja Presbiteriana, nasceu, seus pais o consagraram a Deus. Ele era o caçula de nove irmãos. O pai era presbítero, médico e deputado federal. Depois que terminou o curso teológico no Seminário de Princeton, em New Jersey, recebeu a forte convicção de que Deus o chamava para ser missionário no Brasil. Muitos tentaram demovê-lo desse propósito, dizendo que era arriscado vir para um país distante, com tantas doenças endêmicas. Simonton respondeu: "O lugar mais seguro para eu estar é no centro da vontade de Deus". Esse gigante do evangelismo é uma dádiva de Deus ao Brasil. Ele é fruto de pais que ousaram consagrar o melhor que tinham ao Senhor.

Sou grato ao meu Deus porque fui consagrado desde o ventre da minha mãe para ser pastor. Ela enfrentava o grande dilema entre escolher a própria vida e a vida de seu bebê. O médico lhe disse que se ela não tirasse a criança que estava em agonia de morte, ela morreria junto com a criança. Ela, entretanto, tomou a decisão de morrer pelo filho e não desistiu dele. Então, fez um voto a Deus, dizendo: "Meu Deus, se Tu poupares a minha vida e a vida do meu filho, eu o consagro a Ti para ser um pastor, um pregador da Tua Palavra". Deus ouviu a oração da minha mãe, e eu nasci. No tempo oportuno, Deus me chamou para o ministério. Nunca tive dúvida dessa sublime vocação. Entendo que não existe posição mais honrosa do que ser ministro do evangelho, pregador das boas-novas de salvação.

## 4. JOÃO BATISTA FOI CHEIO DO ESPÍRITO SANTO DESDE O VENTRE MATERNO E VIVEU NESSA PLENITUDE DURANTE TODA A SUA VIDA

O anjo do Senhor disse ainda a Zacarias: "e será cheio do Espírito Santo, já do ventre materno" (Lucas 1.15c). Muitos passam a vida toda sem saber o que é a plenitude do Espírito Santo; João Batista, porém, já era cheio do Espírito antes de nascer. O maior homem do mundo entre os nascidos de mulher não viveu fundamentado em sua própria força, mas sustentado pelo poder de Deus. Não viveu cheio de vaidade nem cheio de ganância, porque ele estava cheio do Espírito Santo.

Nenhuma sabedoria humana poderia produzir os resultados estupendos que João Batista experimentou em seu ministério. O conhecimento, a técnica e a *performance* humanas jamais fariam correr grandes multidões ao deserto para ouvi-lo. Nenhum recurso de oratória produziria o quebrantamento de corações tão endurecidos. Nada pode explicar o sucesso do ministério de um pregador como João Batista, senão o poder do Espírito Santo.

O poder que transforma vidas não vem de dentro, mas do alto; não vem do homem, mas de Deus; não vem da terra, mas do céu; não vem apenas da sabedoria humana, mas do Espírito Santo.

Precisamos desesperadamente de pregadores cheios do Espírito Santo. Quando perguntaram a Dwight Moody qual era o maior problema da obra, ele respondeu: "O maior problema da obra são os obreiros". Quando alguém o interrogou acerca do processo de um avivamento na igreja e como começar essa busca, ele respondeu: "Acenda uma fogueira no púlpito". Se o pregador começar a arder, o fogo se espalhará entre os ouvintes. Quando o pregador se torna um graveto seco, até a lenha verde começa a queimar!

A plenitude do Espírito Santo não é uma opção, mas uma ordem divina: "E não vos embriagueis com vinho, no qual há dissolução, mas enchei-vos do Espírito"(Efésios 5.18). Há aqui duas ordens. A primeira é negativa: não se embriagar. A segunda, positiva: encher-se do Espírito. Como nazireu, João Batista não bebeu vinho nem bebida forte; como cristãos, não devemos nos embriagar. A embriaguez produz vergonha e dissolução; a plenitude do Espírito desemboca em adoração a Deus, comunhão com os irmãos, gratidão e submissão. Quem está cheio de vinho está vazio do Espírito. O ministério não é feito nos eflúvios do vinho, mas no poder do Espírito Santo.

## 5. JOÃO BATISTA NASCEU PARA SER UM PODEROSO EVANGELISTA

A promessa de Deus por meio do anjo a respeito de João Batista era: "E converterá muitos dos filhos de Israel ao Senhor, seu Deus" (Lucas 1.16). Ele foi o instrumento de Deus para converter muitos dos filhos de Israel ao Senhor. Foi um pregador poderoso que viu multidões voltando-se para Deus. Assim diz a Escritura a seu respeito: "Ele percorreu toda a circunvizinhança do Jordão, pregando batismo de arrependimento para remissão de pecados" (Lucas 3.3). Seu pai, num cântico de louvor a Deus, refere-se a seu filho, João, como profeta do Altíssimo: "Tu, menino, serás chamado profeta do Altíssimo, porque precederás o Senhor, preparando-lhe os caminhos" (Lucas 1.76).

Depois de quatrocentos anos de silêncio profético, diz a Bíblia: "veio a palavra de Deus a João" (Lucas 3.2b). Esta é a mesma expressão usada para os profetas do Antigo Testamento. Quando a palavra de Deus veio a João Batista, ele pregou essa palavra com fidelidade, com poder e na unção do Espírito. As multidões eram golpeadas pela espada do Espírito. Os corações mais endurecidos eram quebrantados pelo martelo da palavra. Os corações mais carentes eram consolados pela palavra. Até mesmo os que eram avessos à prática religiosa, como os publicanos e os soldados, eram confrontados pela pregação de João e alcançados para Deus.

É digno de nota que João Batista não tenha criado uma mensagem. Ele ancorou a mensagem que pregava nas Escrituras: "Ele percorreu toda a circunvizinhança do Jordão, pregando batismo de arrependimento para remissão de pecados, conforme está escrito no livro das palavras do profeta Isaías: Voz do que clama no deserto: Preparai o caminho do Senhor, endireitai as suas veredas" (Lucas 3.3,4).

O pregador não cria a mensagem; ele a transmite. O pregador é servo da mensagem, não senhor dela. João Batista não tentou inovar. Ele não atribuiu a si o direito de pregar uma mensagem ao gosto do seu tempo, mas voltou-se para a Escritura e ancorou nela a sua mensagem. Para João o que importava era ser fiel. A sua mensagem foi bíblica. Esse modelo não pode ser alterado. Não pregamos a nós mesmos. Não pregamos o que povo quer ouvir. Não pregamos os últimos pensamentos dos teólogos modernos. Precisamos pregar a mesma eterna Palavra de Deus.

João Batista — o mensageiro do Rei

É importante ressaltar que João Batista não foi um pregador entre quatro paredes. Ele não foi um teólogo de gabinete. Não se acomodou ao conforto de um local ricamente decorado. Ele saiu e percorreu toda a circunvizinhança do Jordão. João foi aonde as pessoas estavam. Ele gastou a sola de suas alpargatas mais do que o assento de seu banco.

A missão da igreja é centrífuga. Não podemos ficar presos dentro dos nossos templos, com assentos almofadados e ar condicionado. Precisamos sair e ir lá fora, onde os pecadores estão. Como os profetas, os apóstolos e Jesus, precisamos percorrer as cidades, as vilas, os campos e pregar nas praças, nos templos, na praia, nos mercados, nas escolas, nos hospitais, nas prisões, onde quer que as pessoas se encontrem. É tempo de sair e pregar. É tempo de semear, ainda que com lágrimas, sabendo que aqueles que regam o solo duro com lágrimas voltarão com júbilo trazendo os seus feixes (Salmos 126.6).

## 6. JOÃO BATISTA FOI DESTINADO A SER O PRECURSOR DO MESSIAS

O anjo do Senhor disse a Zacarias acerca de João Batista: "E irá adiante do Senhor no espírito e poder de Elias, para converter o coração dos pais aos filhos, converter os desobedientes à prudência dos justos e habilitar para o Senhor um povo preparado" (Lucas 1.17). João Batista veio para preparar o caminho do Senhor e trazer profundas mudanças à vida das famílias. Ele converteria o coração dos pais aos filhos, converteria os desobedientes à prudência dos justos e habilitaria para o Senhor um povo preparado. João Batista veio no poder de Elias. Ele teve um ministério de confronto do pecado como Elias. Ele viveu de forma frugal como Elias. Ele chamou a nação ao arrependimento como Elias. Ele enfrentou oposição politica como Elias. Ele viu multidões rendendo-se a Deus como Elias. João Batista foi o instrumento usado por Deus para grandes mudanças na família. Os pais converteram-se a seus filhos; os filhos, a seus pais. Relacionamentos foram curados. Feridas foram fechadas. Inimigos foram reconciliados. Famílias foram restauradas.

Pais convertidos aos filhos têm tempo para os filhos, vivem com os filhos, oram por eles e transmitem a eles a Palavra de Deus, pelo exemplo e pelo ensino eficaz. Pais convertidos aos filhos temperam disciplina com encorajamento. Pais convertidos aos filhos amam seus filhos incondicionalmente, perdoam-nos completamente e os abençoam constantemente.

Por outro lado, filhos convertidos a seus pais honram e obedecem a eles. Filhos convertidos a seus pais ouvem os conselhos dos pais e buscam a sabedoria mais do que as riquezas. Filhos convertidos a seus pais apartam-se dos lugares escorregadios para os pés e não se envolvem com más companhias. Filhos convertidos a seus pais seguem seus ensinamentos e imitam seu exemplo.

A maior necessidade da nossa geração é que famílias sejam restauradas e salvas. Que os pais vejam os filhos como herança de Deus e como flechas que devem ser carregadas no tempo próprio e lançadas oportunamente para cumprir os propósitos de Deus.

Capítulo 2

# SUA VIDA
# FOI UM EXEMPLO

João Batista não viveu no palácio, mas no deserto. Não pregou no templo, mas às margens do Jordão. Não pregou para agradar seus ouvintes, mas para chamá-los ao arrependimento. Podemos resumir a vida do maior homem entre os nascidos de mulher em três pontos importantes. Vejamos:

## 1. JOÃO BATISTA FOI CHEIO DO ESPÍRITO SANTO

A Palavra de Deus é clara a esse respeito: "[João] será cheio do Espírito Santo, já do ventre materno" (Lucas 1.15c). A plenitude foi uma marca distintiva do precursor do Messias. A plenitude do Espírito marcou sua vida do começo ao fim. João Batista foi escolhido por Deus e revestido com o Espírito Santo antes mesmo de nascer. Enquanto uns jamais experimentaram essa bênção ao longo da vida, João já era cheio do Espírito antes de nascer. Ele se alegrou em Cristo antes de nascer. Suas credenciais não eram conquistas humanas, mas dádivas divinas.

Muitos estão cheios de conhecimento, mas vazios de poder. Outros homens estão cheios de vaidade e soberba, mas desprovidos da graça. Outros, ainda, estão cheios de ganância e avareza, mas vazios de misericórdia. Há aqueles que estão cheios de impureza e luxúria e vazios de santidade. No entanto, o maior homem entre os nascidos de mulher estava cheio do Espírito Santo desde o ventre materno. Ele viveu na força do Espírito, apontou para Jesus como o Cordeiro de Deus e o exaltou. Não viveu na força da carne, mas na unção e no poder do Espírito. O poder que tinha para viver e pregar não procedia da terra, mas emanava do céu. Sua força não procedia do braço humano, mas do poder do Altíssimo.

João Batista se fortalecia no Espírito: "O menino crescia e se fortalecia em espírito. E viveu nos desertos até ao dia em que havia de manifestar-se a Israel" (Lucas 1.80). Ele nasceu, viveu e morreu no poder do Espírito. Que vida extraordinária! Que exemplo sublime! Que legado bendito!

Hoje precisamos desesperadamente de homens cheios do Espírito, de homens que falem no poder do

Espírito, de homens que dependam mais do poder de Deus do que das habilidades humanas. Edward McKendree Bounds (1835-1913), piedoso ministro metodista, afirmou que estamos à procura de melhores métodos, ao passo que Deus está à procura de melhores homens. Deus não unge métodos; unge homens. Segundo Bounds, homens mortos tiram de si sermões mortos, e sermões mortos matam. Lutero costumava dizer que sermão sem unção endurece os corações. Como precisamos conhecer o Espírito Santo! Como precisamos ser cheios do Espírito Santo! O apóstolo Paulo foi enfático ao escrever: "A minha palavra e a minha pregação não consistiram em linguagem persuasiva de sabedoria, mas em demonstração do Espírito e de poder" (1Coríntios 2.4). E ainda: "porque o nosso evangelho não chegou até vós tão somente em palavras, mas, sobretudo, em poder, no Espírito Santo e em plena convicção, assim como sabeis ter sido o nosso procedimento entre vós e por amor de vós" (1Tessalonicenses 1.5).

Infelizmente, vivemos hoje no reinado do pragmatismo. Buscamos resultados imediatos. Adoramos as nossas próprias técnicas e recursos. Criamos mecanismos sofisticados para atrair as pessoas. Damos a elas o que querem, mas não o que precisam. Fazemos cócegas em seus ouvidos, em vez de feri-los com a

## João Batista — o mensageiro do Rei

verdade. Preferimos seus aplausos a seu arrependimento. Estamos cheios de nós mesmos e vazios de Deus. Nenhuma técnica humana substitui o poder do Espírito Santo. Nenhum método, por mais refinado, pode tocar corações. Só o Espírito Santo pode "convencer o mundo do pecado, da justiça e do juízo" (João 16.8).

Os resultados estupendos que João Batista experimentou em sua pregação só podem ser explicados à luz dessa verdade: ele foi um homem cheio do Espírito Santo desde o ventre materno! Ele viveu em tempo de crise política, social, moral e espiritual (Lucas 3.1,2), em que as autoridades políticas e religiosas estavam entregues à ganância e à corrupção moral. João Batista contrariou as teses do filósofo inglês John Locke (1632-1704), para quem o homem é produto do meio. João viveu num tempo de sequidão espiritual. A classe sacerdotal estava corrompida teologicamente e rendida à ganância. A classe política estava dominada por uma elite de caráter repreensível. O povo estava vivendo debaixo de opressão, e nessa plataforma de pobreza não faltavam os exploradores e os opressores. É nesse deserto de hostilidades que floresce o maior homem entre os nascidos de mulher, o pregador que arrasta as multidões das cidades para o deserto, a fim de lhes falar ao coração.

João Batista foi um pregador incansável, pois "percorreu toda a circunvizinhança do Jordão, pregando batismo de arrependimento para remissão de pecados" (Lucas 3.3). Ao percorrer toda a circunvizinhança do Jordão, as multidões vinham a ele para ouvir a Palavra. O evangelista Marcos registra: "Saíam a ter com ele toda a província da Judeia e todos os habitantes de Jerusalém; e, confessando os seus pecados, eram batizados por ele no rio Jordão" (Marcos 1.5).

Mateus diz: "saíam a ter com ele Jerusalém, toda a Judeia e toda a circunvizinhança do Jordão" (Mateus 3.5). As multidões deixavam Jerusalém, o templo, os rituais, os sacerdotes e todo o aparato religioso para ouvir sua pregação no deserto.

Os resultados dessa pregação eram estupendos: "e eram por ele batizados no rio Jordão, confessando os seus pecados" (Mateus 3.6).

Quando João pregava, o coração dos homens se derretia. Ele não pregava para entreter nem para agradar. Sua mensagem era de arrependimento. Ele pregava sobre o juízo de Deus e a necessidade de fugir da ira vindoura:

Dizia ele, pois, às multidões que saíam para serem batizadas: Raça de víboras, quem vos induziu a fugir da ira vindoura? Produzi, pois, frutos dignos de arrependimento e não comeceis a dizer entre vós mesmos: Temor por pai a Abraão; porque eu vos afirmo que destas pedras Deus pode suscitar filhos a Abraão. E também já está posto o machado à raiz das árvores; toda árvore, pois, que não produz bom fruto é cortada e lançada ao fogo (Lucas 3.7-9).

Qual é a maior evidência de uma pessoa cheia do Espírito Santo? Uma vida cristocêntrica! O Espírito veio ao mundo para exaltar Jesus. Seu ministério é o mesmo do holofote, que lança luz não sobre si mesmo. João dá testemunho de Jesus. João Batista, por ser cheio do Espírito Santo desde o ventre materno, alegrou-se em Jesus mesmo antes de nascer. Isabel, sua mãe, ao encontrar-se com Maria, que estava grávida de Jesus, testemunha: "Pois, logo que me chegou aos ouvidos a voz da tua saudação, a criança estremeceu de alegria dentro em mim" (Lucas 1.44).

João Batista não chamou a atenção para si, mas apontou para Jesus, como o Cordeiro de Deus que tira o pecado do mundo: "No dia seguinte, viu João a Jesus, que vinha para ele, e disse: Eis o Cordeiro de Deus, que tira o pecado do mundo!" (João 1.29)

Precisamos de homens que estremeçam de alegria na presença de Deus e apontem para Jesus como o único que pode nos reconciliar com Deus! Homens que não preguem a si mesmos nem mercadejem a Palavra, mas homens que se alegram em Jesus e pregam Jesus como o sacrifício perfeito que expiou de uma vez por todas os nossos pecados.

Um pregador sem o Espírito Santo é uma lástima. Pregar sem o poder do Espírito Santo é o mesmo que tentar cortar madeira com o cabo de um machado. Sem o poder do Espírito Santo, não há pregação. Só o Espírito Santo tem poder de aplicar a Palavra, convencer os corações e convertê-los a Deus.

Charles Spurgeon (1834-1892), pregador inglês batista reformado, o príncipe dos pregadores do século 19, acertadamente disse que seria mais fácil um leão tornar-se vegetariano do que um pecador ser convertido a Cristo sem a ação do Espírito Santo. Esse príncipe do púlpito subia os quinze degraus do púlpito de sua igreja, dizendo: "Eu creio no Espírito Santo, eu creio no Espírito Santo". Esse foi o segredo de seu ministério abençoado e abençoador. Embora fosse culto e eloquente, compreendia que o sucesso de suas pregações eram o resultado direto da ação do Espírito Santo em resposta às orações de sua congregação.

## 2. JOÃO BATISTA FOI, RECONHECIDAMENTE, UM HOMEM HUMILDE

O evangelista João registra a tensão e o ciúme dos discípulos de João Batista ao perceberem que todos os seus discípulos saíam ao encontro de Jesus. Leiamos:

> Ora, entre os discípulos de João e um judeu suscitou-se uma contenda com respeito à purificação. E foram ter com João e lhe disseram: Mestre, aquele que estava contigo além do Jordão, do qual tens dado testemunho, está batizando, e todos lhe saem ao encontro. Respondeu João: O homem não pode receber coisa alguma se do céu não lhe for dada. Vós mesmos sois testemunhas de que vos disse: eu não sou o Cristo, mas fui enviado como seu precursor. O que tem a noiva é o noivo; o amigo do noivo que está presente e o ouve muito se regozija por causa da voz do noivo. Pois esta alegria já se cumpriu em mim. Convém que ele cresça e que eu diminua (João 3.25-30).

Quando seus discípulos ficaram com ciúmes ao verem o crescimento de Jesus, João Batista proclamou: "Convém que ele cresça e que eu diminua" (João 3.30). Embora ocupasse o topo da lista das pessoas mais importantes do mundo, João Batista não foi promovido a tal honraria numa feira de vaidades humanas, mas destacou-se como tal pelo próprio Filho de Deus. Foi um homem reconhecidamente humilde. Vejamos alguns sinais dessa humildade.

Em primeiro lugar, *ele reconheceu que não era digno de desatar as correias das sandálias de Jesus*. O Batista pregava às margens do Jordão para grandes multidões. O povo afluía para ouvi-lo de todos os lados; era um pregador que atraía as massas, pois sua eloquência era poderosa. Sua personalidade era forte, suas palavras eram candentes, mas seu coração era humilde. Sua pregação não era de autoelogio. Antes, ele pregava e dizia: "Após mim vem aquele que é mais poderoso do que eu, do qual não sou digno de, curvando-me, desatar-lhe as correias das sandálias" (Marcos 1.7).

Hoje há muitos pregadores arrogantes, que gostam das luzes da ribalta, que se deliciam com os holofotes e se embriagam com o *glamour* do sucesso. Vivemos hoje a infelicidade da tietagem no meio evangélico. Pregadores e cantores que agem como se fossem astros de cinema. Não aceitam um convite para pregar ou cantar sem exigirem gordos cachês. Homens que são verdadeiros poços de vaidade, arrotando presunção soberba e atraindo para si mesmos a glória que só pertence a Deus.

João Batista — o mensageiro do Rei

É preciso gritar aos quatro cantos da terra: Deus não divide sua glória com ninguém! Toda glória dada ao homem é vazia, vanglória, idolatria e abominação ao Senhor. A humildade é a porta de entrada das virtudes cristãs (Mateus 5.3). Elogiar a si mesmo está em total desacordo com o padrão de Deus. Aplaudir a si mesmo e cantar "Quão grande és tu" diante do espelho são atitudes indignas de servos de Deus.

São os restolhos chochos que ficam empinados ao céu. É lata vazia que faz barulho. É farisaísmo tocar trombeta proclamando suas próprias virtudes. No reino de Deus, a pirâmide está invertida. Ser grande é ser humilde: maior é o que serve. Jesus disse: "Aprendei de mim, porque sou manso e humilde de coração" (Mateus 11.29). O apóstolo Paulo, falando sobre Jesus, escreveu: "Tende em vós o mesmo sentimento que houve também em Cristo Jesus, pois ele, subsistindo em forma de Deus, não julgou como usurpação o ser igual a Deus; antes, a si mesmo se esvaziou, assumindo a forma de servo, tornando-se em semelhança de homens; e, reconhecido em figura humana, a si mesmo se humilhou, tornando-se obediente até à morte e morte de cruz" (Filipenses 2.5-8).

Em segundo lugar, *ele reconheceu que seu papel era preparar o caminho do Senhor*. O evangelista Marcos destaca três fatos. Primeiro, ele vai adiante do Senhor, abrindo o caminho: "Conforme está escrito na profecia de Isaías: Eis aí envio diante da tua face o meu mensageiro, o qual preparará o teu caminho" (Marcos 1.2). Como emissário do Rei, vai adiante removendo o lixo e os obstáculos do caminho e tapando os buracos da estrada para a chegada do Rei. João Batista era o mestre de obras da construção de estradas espirituais. Nos tempos antigos, antes de um rei visitar qualquer parte de seu reino, um mensageiro era enviado para preparar-lhe o caminho. Isso incluía a reparação de estradas e a preparação do povo. João Batista preparou o caminho do Senhor ao conclamar a nação ao arrependimento. Sua tarefa era preparar o coração das pessoas para receber o Messias.

João Batista era um homem humilde, embora tivesse sido proclamado por Jesus como o maior de todos os profetas (Mateus 11.11). Ele não se sentia digno nem de fazer o papel de um escravo, ou seja, de desatar as correias das sandálias de Cristo. Sabia quem era Jesus. Ele se pôs em seu lugar e alegrou-se com a exaltação daquele cujo caminho viera preparar. João Batista claramente exaltou Jesus, não a si mesmo (Marcos 1.7; João 3.25-30). Ele reconhece a superioridade de Cristo quanto à sua pessoa e quanto à sua missão.

Em terceiro lugar, *ele reconheceu que era uma voz que clamava no deserto*. Marcos escreveu: "Voz do que clama no deserto: Preparai o caminho do Senhor, endireitai as suas veredas" (Marcos 1.3). Embora fosse da classe sacerdotal, ou seja, um levita, João Batista foi chamado por Deus para ser profeta. Ele não pregava no templo nem nas praças da cidade santa para a elite judaica. Pregava no deserto da Judeia, nas terras ondulosas localizadas entre as montanhas e o mar Morto. Ele não era um eco, mas sim uma voz. Era boca de Deus no deserto, que foi o lugar onde o povo de Deus nasceu. Foi ali que recebeu a Lei e a aliança, presenciou os milagres de Deus e usufruiu de sua direção.

João Batista escolheu pregar no deserto por quatro razões: distanciar-se de qualquer distração, chamar a atenção do povo, romper com a hipocrisia dos líderes religiosos que preferiam o conforto, em vez de fazer a obra de Deus, e cumprir a profecia de Isaías. A palavra grega *boao*, "clamar", significa "clamar com profundo sentimento". João Batista era uma tocha acesa, pois pregava com paixão e com profundo senso de urgência.

Em quarto lugar, *ele reconheceu que sua mensagem tinha o propósito de chamar as pessoas de volta para Deus*. Marcos diz: "apareceu João Batista no deserto, pregando batismo de arrependimento para remissão de pecados" (Marcos 1.4). Duas verdades fundamentais são proclamadas por João Batista aqui:

A primeira delas é o *batismo de arrependimento*. O arrependimento é o portal do evangelho e apresenta dois lados: dar as costas ao pecado e voltar a face para Deus. Implica mudança de comportamento. É voltar-se do pecado para Deus. Não há boas notícias do evangelho para aqueles que permanecem em seus pecados. Deus nos salva do pecado, não no pecado. Somente aqueles que choram pelos próprios pecados com lágrimas de arrependimento podem alegrar-se com a dádiva da vida eterna.

Em relação ao arrependimento, o batismo não oferece perdão, mas é um sinal visível que revela que a pessoa está arrependida e recebeu o perdão de Deus para os pecados. No entanto, o batismo era acompanhado da confissão de pecados. Confessar é concordar com o veredito de Deus sobre o pecado e expressar o propósito de abandoná-lo a fim de viver para Deus.

A segunda verdade anunciada por João Batista nesse texto é *a remissão de pecados*. O verdadeiro arrependimento não é remorso nem introspecção doentia. Não produz doença emocional, mas redenção, libertação, perdão e cura. A palavra "remissão" traz a ideia de mandar embora e nos recorda a gloriosa promessa de que Deus perdoa os nossos pecados e os manda embora (Levítico 16.1-10), afastando-os de nós como o oriente se afasta do ocidente (Salmos 103.12), desfazendo-os como a névoa (Isaías 44.22), lançando-os nas profundezas dos mares (Miqueias 7.18,19).

Em quinto lugar, *ele pregou uma mensagem centralizada na pessoa de Cristo*. O evangelista João escreve: "Houve um homem enviado por Deus cujo nome era João. Este veio como testemunha para que testificasse a respeito da luz, a fim de todos virem a crer por intermédio dele. Ele não era a luz, mas veio para que testificasse da luz, a saber, a verdadeira luz que, vinda ao mundo, ilumina a todo homem" (João 1.6-9). A centralidade da mensagem de João era Jesus. Ele veio para mostrar que Jesus era a luz verdadeira. Exaltou a pessoa de Cristo. Apontou para Cristo. Revelou que Este era mais poderoso do que ele. Afirmou que Jesus é Aquele que batiza com o Espírito Santo.

João Batista destacou a majestade superior de Jesus: "E pregava, dizendo: Após mim vem aquele que é mais poderoso do que eu, do qual não sou digno de, curvando-me, desatar-lhe as correias das sandálias" (Marcos 1.7), e a atividade superior de Jesus: "Eu vos tenho batizado com água; ele, porém, vos batizará com o Espírito Santo" (Marcos 1.8). Entre João e Jesus

Sua vida foi um exemplo

havia uma diferença qualitativa semelhante à que existe entre o infinito e o finito, o eterno e o temporal, a luz original do sol e a luz refletida pela lua.

O evangelista João escreve: "João testemunha a respeito dele e exclama: Este é o de quem eu disse: o que vem depois de mim tem, contudo, a primazia, porquanto já existia antes de mim. Porque todos nós temos recebido da sua plenitude e graça sobre graça. Porque a lei foi dada por intermédio de Moisés; a graça e a verdade vieram por meio de Jesus Cristo" (João 1.15-17). Essa é a tarefa de todo fiel ministro: apontar para Jesus como o único que pode salvar e para o Espírito Santo como aquele que transforma o pecador.

Em sexto lugar, *ele apresentou Jesus como o Cordeiro de Deus que tira o pecado do mundo*: "No dia seguinte, viu João a Jesus, que vinha para ele, e disse: Eis o Cordeiro de Deus, que tira o pecado do mundo!" (João 1.29). Vemos nesse texto a realidade do pecado, a extensão do pecado e a solução para o pecado.

Muito embora essa figura possa identificar a mansidão de Jesus, não é esse o foco de João Batista. Sua ênfase está no fato de que Jesus é o sacrifício apontado por Deus para expiar os nossos pecados. Jesus é o Cordeiro de Deus que tira o pecado do mundo. Jesus é o cordeiro a respeito do qual Abraão disse, no monte

Moriá com Isaque, que Deus proveria (Gênesis 22.8). Jesus é o cordeiro que Isaías disse que seria imolado (Isaías 53.7). Jesus é o verdadeiro cordeiro, cujo cordeiro da Páscoa no Egito tinha sido um vívido tipo (Êxodo 12.5). O termo grego *amnos* é uma referência aos vários usos do cordeiro como sacrifício no Antigo Testamento. Tudo o que esses sacrifícios preanunciaram foi perfeitamente cumprido no sacrifício de Cristo, cuja morte varreu dos altares os cordeiros mortos. Ele ofereceu um único sacrifício: perfeito, completo, cabal.

João identifica Jesus como o animal sacrificial usado nos rituais do templo, particularmente como oferta pelo pecado, já que se trata daquele que tira o pecado do mundo. Paulo o chama de Cordeiro pascal (1Coríntios 5.7). A figura do Cordeiro relaciona Jesus com a passagem que identifica o Messias como o servo sofredor (Isaías 53.1-12; Atos 8.32). Sua morte sacrificial na cruz é comparada a um cordeiro imaculado e incontaminado (1Pedro 1.19). No livro de Apocalipse, Jesus é referido como Cordeiro cerca de 30 vezes.

Jesus é o Cordeiro providenciado por Deus desde toda a eternidade. O Cordeiro foi morto desde a fundação do mundo (Apocalipse 13.8). O cristianismo, portanto, se distingue de todas as religiões do mundo. Em todas as demais religiões, o homem providencia sacrifício para seus deuses. No cristianismo, entretanto, Deus providencia o sacrifício para o homem. Jesus é o Cordeiro de Deus. Ele foi preparado por Deus. Ele foi enviado por Deus. Ele veio da parte de Deus.

Os nossos pensamentos acerca de Jesus precisam ser realinhados conforme essa apresentação de João Batista. Devemos servi-lo fielmente como nosso Mestre. Devemos obedecê-lo lealmente como nosso Rei. Devemos estudar seus ensinos zelosamente como nosso Profeta. Devemos andar diligentemente em seus passos como nosso exemplo. Acima de tudo, devemos olhar para Ele como nosso sacrifício e substituto, que levou os nossos pecados sobre a cruz (1Pedro 2.24). Devemos olhar para seu sangue derramado que nos limpa de todo pecado (1João 1.7). Devemos gloriar-nos apenas na cruz de Cristo (Gálatas 6.14). Devemos pregar apenas Cristo, e este crucificado (1Coríntios 1.23; 2.2). Aqui está a pedra de esquina da fé cristã. Aqui está a raiz que sustenta o cristianismo.

Cristo não veio ao mundo como rei político ou filósofo. Não veio como mestre moral nem como operador de milagres. Ele veio para morrer pelos nossos pecados (1Coríntios 15.3). Ele veio como Cordeiro de Deus que tira o pecado do mundo. Veio para derramar seu sangue em nosso favor e fazer expiação dos nossos pecados (Romanos 3.24-26). Ele veio fazer o que religião, dinheiro ou esforço humano não podia fazer: tirar o pecado do mundo! Cristo é o Salvador soberano e completo, cuja obra consumada na cruz foi perfeita, cabal e suficiente para tirar o pecado do mundo.

Por que o Cordeiro era tão necessário? O pecado é tão mau, repulsivo e maligno aos olhos de Deus que, para tirá-lo e lançá-lo fora, Deus precisou sacrificar seu próprio Filho amado. Não havia outro meio. Não havia outra possibilidade de sermos libertos do pecado. Foi por causa do pecado que Jesus suou sangue no Getsêmani. Foi causa do pecado que Ele foi cuspido, esbordoado e pregado na cruz.

Porque o Cordeiro de Deus se manifestou para tirar o pecado do mundo, três verdades precisam ser destacadas:

1. *A natureza dessa missão.* O Cordeiro de Deus veio para tirar o pecado, não para o encobrir. Não veio para mudar o pecado de nome. Não veio para desculpar o pecado. Não veio para promover o pecado. Ele veio para tirar o pecado. O homem não pode se livrar do seu pecado. Não pode expiar o seu pecado. Ele é escravo do pecado. O homem não pode ser salvo em seu pecado; ele precisa ser salvo do pecado. O homem não providenciou a redenção; esta procede de Deus.

O Cordeiro de Deus tira o pecado pelo seu sacrifício, e não pelos seus milagres. Foi na cruz que o Cordeiro triunfou sobre o pecado. Ele Se fez pecado. Ele tornou-Se nosso represente e nosso substituto. Ele tomou sobre si o nosso pecado. Ele carregou sobre o seu corpo no madeiro o nosso pecado. Ele foi transpassado pelas nossas transgressões. Para sermos salvos do pecado, Deus fez a maior transação do universo. Ele não colocou em nossa conta o nosso pecado. Ele transferiu para a conta de Cristo a nossa dívida, o nosso pecado e depositou em nossa conta a infinita justiça de Cristo.

2. *O alcance dessa missão.* O Cordeiro tira o pecado do mundo, ou seja, homens de todas as tribos e línguas, de todos os povos e raças; não simplesmente o pecado de uma nação em particular. O mundo engloba todos, sem distinção de raça, religião ou cultura. Fica evidente que a passagem não ensina uma expiação universal. João Batista não ensinou isso nem o evangelista João (João 1.12,13; 10.11,27,28).

Observe também que não são os pecados, mas o pecado. Todo tipo de pecado é tirado. Não há pecado que Jesus não perdoe. Não há mancha que Ele não apague. Não há culpa que Ele não remova. Isso é mais do que pecados de pessoas individuais. É o pecado do mundo inteiro. Não apenas de alguns, mas de todos. Todos sem acepção e sem exceção. Não apenas dos judeus, mas também dos gentios. A salvação não é apenas para um povo, mas para todos os povos. O Cordeiro é o Salvador do mundo. Jesus é o Cordeiro suficiente para uma pessoa (Gênesis 22). É o Cordeiro suficiente para uma família (Êxodo 12). É o Cordeiro suficiente para uma nação (Isaías 53). É o Cordeiro suficiente para o mundo inteiro (João 1.29). Ele é o Cordeiro que foi morto e comprou para Deus, com seu sangue, os que procedem de toda tribo, raça, povo, língua e nação (Apocalipse 5.9). O sacrifício do Cordeiro de Deus é suficiente para todas as pessoas do mundo, mas eficiente apenas para aqueles que creem.

3. *A eficácia dessa missão.* Eis o Cordeiro de Deus que tira o pecado do mundo. O Cordeiro não apenas tirou, mas tira o pecado do mundo. O verbo está no presente. O Cordeiro de Deus morreu há dois mil anos, mas os efeitos de sua morte são tão atuais, poderosos e eficazes como no momento do Calvário. Todos os dias, pessoas são libertas de seus pecados. Todos os dias, pessoas são limpas de suas manchas. Todos os dias, pessoas são arrancadas da masmorra da culpa. Todos os dias, pessoas são perdoadas e transferidas do reino das trevas para o reino da luz, da potestade de Satanás para Deus.

Se Cristo é o Cordeiro de Deus que tira o pecado do mundo, devemos ir a Ele, ou pereceremos. Não há outro meio de sermos perdoados do pecado, libertos da culpa e fugirmos da ira vindoura.

Se Jesus é o Cordeiro de Deus, precisamos ir e anunciar isso ao mundo. João Batista apresentou Jesus como o Cordeiro de Deus que tira o pecado do mundo. Ele não guardou essa preciosa informação apenas para si, mas proclamou essa verdade. Preparou o caminho para que outras pessoas conhecessem a Cristo e o seguissem. Temos, portanto, a melhor, a maior e a mais urgente mensagem do mundo.

Em sétimo lugar, *ele reconheceu que o batismo de Jesus era mais importante que o seu*. João Batista disse à multidão que vinha a ele no Jordão: "Eu vos tenho batizado com água; ele, porém, vos batizará com o Espírito Santo" (Marcos 1.8). João Batista não era daqueles pregadores que pensam que podem distribuir os dons do Espírito. Ele sabia que era apenas um servo, um instrumento, um canal, não a fonte da graça. seu batismo era transitório; um batismo com água para o arrependimento. O batismo ministrado por Jesus, porém, é necessário para a salvação, por isso é permanente. O batismo com água é apenas um símbolo do batismo com o Espírito Santo. O batismo com água é o símbolo, mas o batismo com o Espírito é o simbolizado. Um é sombra; o outro, a realidade. Um símbolo é importante, mas não é a coisa simbolizada. Assim como a bandeira do Brasil simboliza o Brasil, mas não é o Brasil, assim o batismo com água simboliza o batismo com o Espírito, mas não é o batismo do Espírito. Nenhum homem tem competência para batizar alguém com o Espírito Santo. Essa função só Jesus pode realizar. Um homem humilde sabe qual é seu lugar e não busca ocupar uma posição que não lhe pertence. A multidão perguntou-lhe se ele era o Messias, ao que João prontamente respondeu: "Eu não sou". Leiamos o registro do evangelista João:

> Este foi o testemunho de João, quando os judeus lhe enviaram de Jerusalém sacerdotes e levitas para lhe perguntarem: Quem és tu? Ele confessou e não negou: confessou: Eu não sou o Cristo. Então, lhe perguntaram: Quem és, pois? És tu Elias? Ele disse: Não sou. És tu o profeta? Respondeu: Não. Disseram-lhe, pois: Declara-nos quem és, para que demos resposta àqueles que nos enviaram; que dizes a respeito de ti mesmo? Então, ele respondeu: Eu sou a voz do que clama no deserto: Endireitai o caminho do Senhor, como disse o profeta Isaías (João 1.19-23).

João tinha plena consciência de que só o Messias podia batizar com o Espírito Santo. Ele era um recebedor desse batismo, não um distribuidor. Ele não era a fonte, mas o receptáculo. João podia batizar com água, podia celebrar um rito meramente externo, mas àqueles verdadeiramente arrependidos, Jesus podia conceder uma renovação interior, real, sobrenatural e espiritual. Jesus, que fora ungido pelo Espírito com sinal inequívoco, era o único qualificado para transmitir a mesma unção a seu povo. O batismo com o Espírito, portanto, não é o batismo com água. Não consiste em aspergir nem imergir. Não é batismo de infantes nem de adultos. Este é o batismo que nenhuma denominação pode ministrar. Nenhum homem tem essa competência. É o batismo cuja ministração o grande Cabeça da Igreja reservou apenas para Si mesmo. Esse batismo é a infusão da graça no coração do pecador. É o mesmo que o novo nascimento.

O apóstolo Pedro afirma aos líderes da igreja de Jerusalém acerca da conversão do gentio Cornélio e sua casa: "Quando, porém, comecei a falar, caiu o Espírito Santo sobre eles, como também sobre nós, no princípio. Então, me lembrei da palavra do Senhor, quando disse: João, na verdade, batizou com água, mas vós sereis batizados com o Espírito Santo. Pois, se Deus lhes concedeu o mesmo dom que a nós nos outorgou quando cremos no Senhor Jesus, quem era eu para que pudesse resistir a Deus?" (Atos 11.15-17). Este é o batismo que é absolutamente necessário para a salvação.

Em oitavo lugar, *ele reconheceu que era apenas uma testemunha da luz, e não a própria luz*. O evangelista João, no prólogo de seu Evangelho, escreve acerca de João Batista: "Ele não era a luz, mas veio para que testificasse a respeito da luz, a saber, a verdadeira luz, que, vinda ao mundo, ilumina a todo homem" (João 1.8,9). João anuncia Jesus como a luz verdadeira, que alumia todo homem. Cristo é a luz perfeita em cuja radiância todas as demais luzes parecem tenebrosas. Somente Ele pode tornar claro a cada indivíduo o significado e o propósito de sua vida. Cristo é para a alma dos homens o que o sol é para o mundo. Ele é o centro e a fonte de toda luz espiritual, calor, vida, saúde, crescimento, beleza e fertilidade. Como o sol, Ele brilha para o benefício de toda a humanidade, para homens e mulheres, grandes e pequenos, ricos e pobres, cultos e indoutos, judeus e gentios. Todos podem olhar para Ele e receber livremente de sua luz. João emprega uma palavra muito significativa para descrever Jesus. No grego, há duas palavras para definir "verdade". A primeira delas é *alethes,* que significa "verdadeiro em oposição a falso". A outra palavra é *alethinos,* que significa "real ou genuíno em oposição a irreal". Jesus é a luz genuína que veio iluminar e esclarecer os homens. Jesus é a única luz genuína, a luz verdadeira, que guia os homens em seu caminho.

Ainda no prólogo do seu Evangelho, em que apresenta Jesus como o Verbo eterno, pessoal, divino, Criador do universo, autoexistente, Luz que ilumina todo homem e que se fez carne e habitou entre nós cheio de graça e de verdade, o evangelista João também mostra a missão de João Batista. Este foi um homem enviado por Deus. Embora não fosse a Luz, veio para testificar da Luz, a verdadeira Luz que, vinda ao mundo, ilumina todo homem.

Seu propósito não era exaltar a si mesmo, mas apontar para Jesus como a luz. João era como uma vela acesa que apontaria para o Sol da justiça. Uma vez que o Sol nasce, a vela perde sua função. João Batista exerceu o ministério do telefonista. No momento em que ele nos põe na linha com a pessoa desejada, sai de cena. João veio preparar o caminho do Senhor; depois que o caminho foi preparado, retirou-se da estrada.

Há muitos pregadores que se interpõem no caminho e se tornam obstáculos. Julgam-se o único mapa que conduz ao caminho. Há religiões que têm a síndrome de donos da verdade. Acabam, por isso, tornando-se uma seita exclusivista e sectarista. A salvação está em Jesus; em mais ninguém. O Senhor Jesus não pode ser propriedade exclusiva de uma única igreja ou denominação. Todos aqueles que creem em Jesus, de qualquer povo, língua, raça ou nação, pertencem à Igreja. A Igreja de Cristo é supradenominacional, multirracial e multicultural. Ela é universal em sua abrangência. Todos os que são lavados no sangue do Cordeiro têm seus nomes arrolados no Livro da Vida.

Em nono lugar, *ele reconheceu que Jesus, não ele, tem a primazia*. O evangelista João escreve: "João testemunha a respeito dele e exclama: Este é o de quem eu disse: o que vem depois de mim tem, contudo, a primazia, porquanto já existia antes de mim" (João 1.15). João Batista agiu de forma diferente de Lúcifer. Este quis ocupar o lugar de Deus sendo apenas uma criatura. Quando perguntaram a João Batista se ele era o Cristo, ele respondeu: "Eu não sou" (João 1.19-21; 3.28). João dizia abertamente que Aquele que viria depois dele tinha a primazia, porquanto já existia antes dele. João Batista era seis meses mais velho que Jesus. Mas ele sabia que Jesus era o próprio Deus, o Pai da Eternidade. Por isso, entendia que Jesus já existia antes dele. O próprio Jesus disse aos judeus de seu tempo: "Em verdade, em verdade eu vos digo: antes que Abraão existisse, Eu Sou" (João 8.58).

É digno de nota que Jesus tem duas naturezas distintas: Ele é perfeitamente Deus e perfeitamente Homem. Duas naturezas distintas em uma só Pessoa. Ele é eternamente gerado do Pai, Deus de Deus, Luz de Luz, coigual, coeterno e consubstancial com o Pai, por meio de quem todas as coisas foram feitas. Como Deus, não teve mãe; como homem, não teve pai. Ele existe desde a eternidade. O apóstolo João, no prólogo de seu Evangelho, escreveu acerca dele: "No princípio era o Verbo, e o Verbo estava com Deus, e o Verbo era Deus" (João 1.1). O universo teve uma origem, um começo (Gênesis 1.1), mas, quando tudo começou, Jesus, como Deus, já existia (João 1.1). João Batista não estava apenas diante de um nazareno, mas diante do Pai da Eternidade!

Em décimo lugar, *ele reconheceu que Jesus é o Noivo, não ele.* João Batista é enfático: "O que tem a noiva é o noivo; o amigo do noivo que está presente e o ouve muito se regozija por causa da voz do noivo. Pois esta alegria já se cumpriu em mim" (João 3.29). João Batista alegra-se em ser amigo do Noivo. Sua alegria existe no fato de ouvir a voz do Noivo, não de ocupar o lugar do Noivo. João tem consciência de sua missão. Ele não aspira a nada mais. Está contente em ser amigo do Noivo. Não cobiça a posição de seu Senhor. Não flerta com a presunção.

Há muitos pastores hoje que querem ocupar o lugar do Noivo. Pensam e agem como se fossem os donos da noiva. A Igreja tem dono. Ela é a noiva de Cristo. Ela é a noiva do Cordeiro. Alguns, porém, têm a sindrome de donos da igreja local. Agem como se a igreja fosse sua propriedade particular. Há muitos pregadores que estão fazendo da igreja uma empresa familiar, na qual o púlpito é um balcão, o templo é uma praça de barganhas, o evangelho é um produto, e os crentes, os consumidores. É preciso deixar meridianamente claro que Jesus é o único fundamento, dono, edificador e protetor da Igreja (Mateus 16.18). Ele é o Cabeça da Igreja. Ele é o Senhor da Igreja. Ele jamais passou uma procuração transferindo-nos a posse dela. A Igreja é de Deus (Atos 20.28). Ela foi comprada pelo sangue de Jesus; portanto, não podemos usurpar a posição do Noivo. Qualquer indivíduo que tente ocupar o lugar único e singular de Noivo da igreja será desprezado.

Em décimo primeiro lugar, *ele reconheceu que Jesus estava destinado a crescer, e ele, a diminuir.* João Batista tinha pleno conhecimento de que seu ministério tinha um propósito: apresentar o Messias e sair de cena. Convinha que Cristo tivesse a preeminência e crescesse, ao passo que cabia a ele diminuir. Quando seus discípulos ficaram intrigados por ver que outros discípulos estavam abandonando suas fileiras para seguir Cristo, longe de sentir-se ameaçado ou com inveja, disse: "Convém que ele cresça e que eu diminua" (João 3.30). Gostamos da projeção. As luzes do palco nos fazem sentir bem. Massageiam o ego e nos dão uma aura de sucesso. Há dentro de nós algo que busca o sucesso; por isso, corremos celeremente para o centro do palco para ficar debaixo das luzes. No entanto, sempre que cedemos a esse apelo interior, afastamo-nos da Luz verdadeira. Exaltar Cristo, não a nós mesmos, é nossa bandeira. Fazê-lo conhecido, não a nós mesmos, é nossa missão. O Batista entendeu isso e cumpriu cabalmente sua missão. Nessa mesma linha, Paulo escreve: "Porque não nos pregamos a nós mesmos, mas a Cristo Jesus como Senhor e a nós mesmos como vossos servos, por amor de Jesus" (2Coríntios 4.5).

Em décimo segundo lugar, *ele demonstrou sua fraqueza humana ao expor abertamente suas dúvidas.* Esse episódio foi registrado apenas por Mateus (11.1-19) e Lucas (7.18-30). Jesus está num ritmo intenso de trabalho. Ele não apenas dá instruções a seus discípulos e os envia a pregar, mas também a ensinar e a pregar nas cidades deles. É no meio dessa atividade evangelística intensa de Jesus que João Batista, da Fortaleza de Maquero, a leste do mar Morto, envia mensageiros a Jesus expressando as angústias de sua alma. Mateus escreve:

Quando João ouviu, no cárcere, falar das obras de Cristo, mandou por seus discípulos perguntar-lhe: És tu aquele que estava para vir ou havemos de esperar outro? E Jesus, respondendo, disse-lhes: Ide e anunciai a João o que estais ouvindo e vendo: os cegos veem, os coxos andam, os leprosos são purificados, os surdos ouvem, os mortos são ressuscitados, e aos pobres está sendo pregado o evangelho. E bem-aventurado é aquele que não achar em mim motivo de tropeço (Mateus 11.2-6).

O maior homem do mundo entre os nascidos de mulher não era isento de dúvidas e angústias da alma. Ao saber dos milagres que Cristo operava, e vendo aproximar-se o dia de seu martírio na Fortaleza de Maquero, foi assaltado pela dúvida e mandou emissários perguntarem a Jesus se Ele era de fato o Messias ou se haveriam de esperar outro. O filho do deserto estava preso. O ministério de Jesus crescia ao mesmo tempo em que João Batista era esquecido na prisão. Os milagres de Jesus eram notórios, enquanto seu precursor vivia na escuridão lôbrega do cárcere. As multidões fluíam a Jesus e recebiam seus milagres, enquanto João amargava o ostracismo de uma prisão imunda no calor escaldante do deserto da Judeia.

Embora figura singular na história bíblica, João não era super-homem. Como todos os seres humanos, estava sujeito à depressão e à decepção. Não surpreende, pois, que, confinado ao cárcere, depois de ter sido detido por Herodes, estivesse impaciente e começasse a se perguntar por que Jesus não afirmava suas prerrogativas messiânicas mais categórica e abertamente. Talvez esperasse também que, sendo Jesus o Messias, este asseguraria sua libertação do cárcere, onde era vítima das perversas maquinações de Herodes e Herodias.

João está preso, mas seus discípulos levam a ele as notícias dos milagres operados por Jesus. É nesse contexto que três verdades saltam aos nossos olhos.

A primeira delas é a dúvida que atormenta a alma (Mateus 11.2,3). Os milagres de Cristo eram públicos e chegavam ao conhecimento de João na prisão. Diante de tantos sinais extraordinários operados por Jesus, talvez João tivesse a expectativa de ser liberto daquela masmorra por uma intervenção sobrenatural. Os homens de Deus têm seus momentos de fraqueza. Pensamentos obscuros podem avolumar quando reprimidos em uma cela estreita. Como circunstâncias não mudavam, porém, João envia dois de seus discípulos a Jesus, para saber se Ele era mesmo o

Messias, ou haveria de esperar outro. Quais seriam as possíveis dúvidas de João? Vejamos.

1. *Como conciliar as maravilhas que Jesus operava com a dolorosa situação que o atingia?* Jesus curava enfermos, libertava os endemoninhados e ressuscitava mortos, mas onde estava Jesus que não vinha ao encontro de seu profeta para libertá-lo?

Esse também é o nosso drama. Como conciliar o poder de Jesus com as angústias que sofremos? Como conciliar o poder de Jesus com a inversão de valores da sociedade: Herodes no trono e João Batista na cadeia? Como conciliar o poder de Jesus num tempo em que uma moça fútil, uma mulher adúltera e um rei bêbado podem atentar contra a vida do maior homem, do maior profeta, sem nenhuma intervenção do céu?

2. *Como conciliar o silêncio de Jesus com a urgente necessidade de seu precursor?* Por que Jesus não Se pronunciou em defesa de João? Por que não fez um discurso, desbancando a prepotência de Herodes? Por que Jesus não foi Se apresentar como advogado de João Batista? Não é fácil conviver com o silêncio de Jesus na hora da aflição. João esperou libertação, mas sua cabeça foi cortada pela lâmina afiada de um soldado romano.

3. *Como conciliar a não intervenção de Jesus com a mensagem de juízo que ele anunciara sobre o Messias?*

João falou de um Messias que traria o juízo de Deus, que já havia posto o machado à raiz da árvore, que recolheria a palha e a jogaria na fornalha acesa. João esperou que Jesus exercesse juízo em seu favor, sua vingança, brandindo a espada, com uma corte celestial para libertá-lo. No entanto, o que João escutou foi sobre os atos de misericórdia de Jesus. O Messias não se moveu para libertá-lo. Enquanto Jesus cuidava dos enfermos, João estava mais próximo do martírio.

A dúvida de João é alimentada não pelo calabouço, mas por expectativas não correspondidas. João enfrentava problemas e Jesus continuava suas atividades normalmente. O que vale a pena destacar é que João não engoliu suas dúvidas. Ele as expôs. Ele fez perguntas. Ele buscou Jesus para resolver seus conflitos. Os homens de Deus, às vezes, são assaltados pela dúvida. Os homens mais santos são susceptíveis às dúvidas mais profundas, o que, de fato, aconteceu com outros servos de Deus no passado. Moisés quase desistiu em certa ocasião (Números 11.10-15). Elias pediu para morrer (1Reis 19). Jeremias também teve seu momento de angústia (Jeremias 20.7-9,14-18). Até o apóstolo Paulo chegou a ponto de desesperar-se da própria vida (2Coríntios 1.8,9).

A segunda verdade que o texto destaca é a resposta que pacifica o coração (Mateus 11.4-6). Duas coisas merecem destaque:

1. *O que Jesus não disse.* Jesus não fica zangado diante das nossas dúvidas sinceras. Deus não rejeitou as perguntas de Abraão, de Jó, de Moisés; tampouco Jesus rejeitou as perguntas de João Batista. Por outro lado, Jesus não livrou João da prisão. Aquele que andou sobre o mar podia mudar o pensamento de Herodes e ferir de cegueira os soldados. Aquele que expulsou demônios poderia abrir as portas da Fortaleza de Maquero, mas não o fez. Nenhum plano de batalha. Nenhum grupo de salvamento. Nenhuma espada flamejante. Apenas uma mensagem do reino.

2. *O que Jesus fez.* Em vez de Jesus responder aos discípulos de João com palavras, responde a eles com obras, com ações poderosas, curando muitos de moléstias, de flagelos, de espíritos malignos e dando vista a muitos cegos (Mateus 11.4,5). As obras evidenciadas por Jesus não são de juízo, mas de misericórdia. Jesus, então, diz aos mensageiros que anunciassem a João Batista o que estavam vendo e ouvindo: os cegos viam, os coxos andavam, os leprosos eram purificados, os surdos ouviam, os mortos ressuscitavam e aos pobres era anunciado o evangelho (Mateus 11.5). Talvez João

quisesse ouvir: "Os meus exércitos já estão reunidos. Cesareia, a sede do governo romano, está por cair. O juízo já começou". Jesus, porém, manda dizer: A misericórdia de Deus está aqui.

Três pontos devem ser aqui destacados:

1. *Jesus dá provas de que ele é o Messias* (Mateus 11.5). Esses sinais seriam operados pelo Messias que havia de vir (Isaías 29.18,19; 35.4-6; 42.1-7). Não era, portanto, necessário esperar outro Messias, pois o Jesus histórico é o Messias de Deus! A réplica de Jesus aos mensageiros de João expressa a consciência de que suas obras de cura e de exorcismo são indicações de que, de fato, Ele é o Messias (Mateus 11.2-6). Jesus é a prova de Si mesmo. Se os homens quiserem argumentos em favor do evangelho, que ouçam e vejam o que Ele é e o que faz. Digamos, portanto, à nossa alma na prisão da dúvida o que temos visto Jesus fazer.

2. *Jesus prega aos ouvidos e aos olhos* (Mateus 11.4). Jesus fala e faz, prega e demonstra, revela conhecimento e também poder. Jesus prega aos ouvidos e aos olhos. A mensagem de Jesus a João tem três ênfases:

A. A mensagem de Jesus mostra que o reino de Deus abre as portas para que os rejeitados sejam aceitos. Ninguém era mais discriminado na sociedade que os cegos, os coxos, os leprosos e os surdos. Eles não tinham valor. Eram feridas cancerosas da sociedade. Eram excesso de bagagem à beira da estrada. A estes que a sociedade chamava de escória, porém, Jesus valorizou, restaurou a dignidade, curou, levantou e devolveu a vida. Jesus manda dizer a João que o reino que ele está implantando não tem os mesmos valores dos reinos deste mundo.

B. A mensagem de Jesus mostra que, no reino de Deus, a sepultura não tem força e a morte não tem a última palavra. O problema do homem não é o tipo de morte que enfrenta, mas o tipo de ressurreição que terá. Se Jesus é o nosso Senhor, então a morte não tem mais poder sobre nós. Seu aguilhão foi arrancado. A morte foi vencida.

C. A mensagem de Jesus mostra, que no reino de Deus, há a oferta gratuita de vida eterna. O reino de Deus é para o pobre que se considera falido espiritualmente, não importando sua condição social. Enquanto João pede a solução do temporário, Jesus cuida do eterno.

3. *Jesus adverte sobre o perigo de não ser reconhecido como Messias* (Mateus 11.6). Feliz é aquele que não encontra em Cristo motivo de tropeço. As vicissitudes da vida não podem abalar os fundamentos da nossa fé.

A terceira verdade que o texto destaca trata das credenciais que dignificaram João Batista. O evangelista Mateus escreve:

Então, em partindo eles, passou Jesus a dizer ao povo a respeito de João: Que saístes a ver no deserto? Um caniço agitado pelo vento? Sim, que saístes a ver? Um homem vestido de roupas finas? Ora, os que vestem roupas finas assistem nos palácios reais. Mas para que saístes? Para ver um profeta? Sim, eu vos digo, e muito mais que profeta. Este é de quem está escrito: Eis aí eu envio diante da tua face o meu mensageiro, o qual prepara o teu caminho diante de ti. Em verdade vos digo, entre os nascidos de mulher, ninguém apareceu maior que João Batista; mas o menor no reino dos céus é maior do que ele. Desde os dias de João Batista até agora, o reino dos céus é tomado por esforço, e os que se esforçam se apoderam dele. Porque todos os profetas e a lei profetizaram até João. E, se o quereis reconhecer, ele mesmo é Elias, que estava para vir. Quem tem ouvidos para ouvir, ouça. Mas a quem hei de comparar esta geração? É semelhante a meninos que, sentados nas praças, gritam aos companheiros: Nós vos tocamos flauta, e não dançastes;

entoamos lamentações, e não pranteastes. Pois veio João, que não comia nem bebia, e dizem: Tem demônio! Veio o Filho do homem, que come e bebe, e dizem: Eis aí um glutão e bebedor de vinho, amigo de publicanos e pecadores. Mas a sabedoria é justificada por suas obras (Mateus 11.7-19).

Jesus envia os mensageiros de volta a João Batista e, então, em vez de fazer uma censura a seu precursor, enaltece-o diante do povo. Cinco fatos sobre João Batista devem ser aqui destacados:

1. *Um homem que não se dobrava diante das circunstâncias adversas* (Mateus 11.7). João Batista não era um caniço agitado pelo vento, que se curva diante das adversidades. Era um homem incomum e inabalável. Ele preferiu ir para a prisão e ficar com a consciência livre a ficar livre com a consciência prisioneira. Preferiu a morte à conivência com o pecado do rei Herodes. O martírio é preferível à apostasia!

2. *Um homem que não se dobrava às seduções do poder* (Mateus 11.8). João Batista era um homem insubornável. Ele não viveu bajulando os poderosos, tecendo-lhes elogios apesar de seus pecados. Ao contrário, confrontou-os com firmeza granítica e com robustez hercúlea. Ele não vendeu sua consciência para

alcançar o favor do rei. Não buscou as glórias deste mundo, para angariar favores efêmeros, mas cumpriu cabal e fielmente seu ministério.

3. *Um homem preparado por Deus para uma grande obra* (Mateus 11.9,10). João Batista era um grande profeta. Veio ao mundo em cumprimento a profecias. Seu nascimento foi um milagre, sua vida foi um exemplo, seu ministério foi uma obra de preparação para a chegada do Messias e sua morte foi uma demonstração de indobrável coragem. João era tudo o que os maiores profetas foram; ele esteve mais próximo de Jesus do que os demais.

4. *Um homem enaltecido pelo Filho de Deus* (Mateus 11.11). João Batista era um grande homem. Dentre todos os grandes homens da antiga dispensação, João Batista foi o maior de todos. Muitos profetas apontaram para o Messias que havia de vir, mas foi João Batista quem disse: *Eis o Cordeiro de Deus que tira o pecado do mundo!* (João 1.29) Foi ele quem preparou o caminho do Senhor (Lucas 3.3-6). Foi ele quem batizou Jesus para que Este desse inicio a seu ministério (Mateus 3.13-17).

Jesus não parou ali. Disse que o menor no reino de Deus é maior do que ele (Mateus 11.11b). A vinda de Jesus marcava uma linha divisória: veio inaugurar o reino, no qual o menor daquele reino é maior do que o maior entre os homens. João pertencia à era da promessa. O menor do reino é maior, não por quaisquer qualidades que venha a possuir, mas porque pertence ao tempo do cumprimento. Jesus não subestimou a importância de João; na verdade, estava pondo a participação do reino na perspectiva apropriada. João foi um arauto do Rei que anunciava o reino. Igualmente, os cristãos de hoje são filhos do reino e amigos do Rei (João 15.15). Como precursor imediato do Messias, João foi maior do que os profetas que predisseram a vinda do Messias, mas ele mesmo não era súdito do reino que o Messias viera inaugurar (Mateus 11.7-15).

5. *Um homem que veio em cumprimento de profecias* (Mateus 11.12-15). João Batista veio no espírito e no poder de Elias. Assim como Elias, na força do Senhor, confrontou o rei Acabe, o povo e os profetas de Baal, conclamando o povo de Israel a abandonar os ídolos e a voltar-se para Deus; João Batista igualmente confrontou o rei Herodes Antipas, o povo e as autoridades religiosas de Israel, conclamando o povo ao arrependimento. Aqui Jesus identificou João Batista como o "Elias" prometido em Malaquias. Além disso, as pessoas entendiam que Malaquias 4.1 significava que Elias voltaria, mas João Batista negou que ele fosse o Elias renascido (João 1.21). Jesus, porém, afirmou que

João Batista desempenhou o papel de Elias (Mateus 17.12) e enfatizou: "Quem tem ouvidos para ouvir, ouça". Resta afirmar que, em vez de Jesus diminuir João por ter este revelado sua fragilidade, enalteceu-o ao ponto máximo. O Senhor não nos reprova por expressarmos as nossas angústias. É digno de nota que o mais exaltado elogio a esse filho do deserto tenha acontecido no momento de sua maior fragilidade.

### 3. JOÃO BATISTA FOI OBSTINADAMENTE CORAJOSO (MATEUS 3.7-10)

Os sermões de João Batista, pregados no deserto da Judeia, não seriam aprovados pelos pregadores modernos. Diríamos hoje que seus sermões não eram politicamente corretos. Os comunicadores contemporâneos afirmariam que o pregador não foi elegante no trato, mas duro nas palavras e na abordagem. Na verdade, João Batista não pregou para agradar seus ouvintes, mas para feri-los com a espada do Espírito e levá-los ao arrependimento. Alguns pontos devem ser aqui destacados:

Em primeiro lugar, *o perigo mortal da hipocrisia*. "Vendo ele, porém, que muitos fariseus e saduceus vinham ao batismo, disse-lhes: Raça de víboras..." (Mateus 3.7a). Muito embora R. C. Sproul afirme que os fariseus e os saduceus não viessem para ser batizados, mas para investigar o que João estava fazendo com o propósito de relatá-lo às autoridades de Jerusalém, João viu a podridão e a hipocrisia da profissão de fé que os fariseus e saduceus faziam e usou a linguagem adequada para descrever o caso: "Raça de víboras". Era habitual João Batista ver ninhadas de cobras pelas tocas e fendas das pedras. Quando as cobras sentiam o calor do fogo, corriam para a segurança da toca. Ao chamá-los de raça de víboras, João Batista revela a disparidade brutal entre a palavra de arrependimento que traziam nos lábios e as atitudes perversas que carregavam no coração.

Os fariseus representavam a superstição hipócrita; os saduceus, a descrença carnal. Os fariseus eram conservadores na teologia, mas complacentes consigo mesmos na ética. Havia um abismo entre o que pregavam e o que viviam. Agiam como atores, representando um papel de piedade, quando, na verdade, estavam cheios de rapina. Os saduceus eram aristocratas, liberais quanto à doutrina, amantes do poder e do dinheiro. Quando João viu que esses líderes também vinham para o batismo, chamou-os de "raça de víboras", mostrando-lhes que o veneno que carregavam era pior do que o veneno das serpentes, pois o veneno da serpente foi o próprio Deus quem colocou nelas, mas o veneno da hipocrisia, que carregavam no coração, fora colocado neles pelo diabo.

Em segundo lugar, *o perigo real do inferno*. "Quem vos induziu a fugir da ira vindoura?" (Lucas 3.7b). João Batista não evitou falar de temas graves como a ira vindoura. É melhor escutar sobre o inferno do que ir para lá. É melhor exortar as pessoas a fugirem da ira vindoura do que acalmá-las com o anestésico da mentira, mantendo-as no caminho da perdição.

Em terceiro lugar, *o perigo do falso arrependimento*. "Produzi, pois, frutos dignos de arrependimento" (Lucas 3.8). A palavra grega *matanoiete*, "arrependimento", pede uma mudança radical de coração e mente; uma mudança que resultará em um estilo de vida radicalmente diferente. Daí a ênfase de João: "Produzi, pois, frutos dignos de arrependimento". O Batista não prega arrependimento e novamente arrependimento, mas arrependimento e frutos dignos de arrependimento. O falso arrependimento, ou arrependimento infrutífero, é professado com os lábios, embora não demonstrado pela vida. O verdadeiro arrependimento evidencia-se por frutos. Estes não são a mudança de coração, mas os atos que resultam dela. Qualquer um pode ter atos externamente bons, mas só o homem bom pode ter uma colheita de atos e hábitos corretos.

Em quarto lugar, *o perigo da falsa confiança religiosa*. "E *não comeceis* a dizer entre vós mesmos: Temos por pai a Abraão; porque eu vos afirmo que destas pedras Deus pode suscitar filhos a Abraão" (Lucas 3.9). Muitos judeus nos dias de João Batista acreditavam que, pelo simples fato de correr em suas veias o sangue de Abraão, o pai da nação, já estavam salvos (João 8.33-47). Os verdadeiros filhos de Abraão, porém, não são os que têm o sangue de Abraão nas veias, mas os que têm a fé de Abraão no coração (Romanos 2.28,29; 4.13,14; Gálatas 3.7).

Em quinto lugar, *o perigo da vida infrutífera*. "Já está posto o machado à raiz das árvores; toda árvore, pois, que não produz bom fruto é cortada e lançada ao fogo" (Mateus 3.10). O homem não é o que sente nem o que fala, mas o que faz. A árvore é conhecida pelos frutos que dá. Linguagem religiosa sem vida de piedade é um arremedo grotesco de conversão. Uma árvore que não produz fruto está sentenciada à morte. O machado afiado do juízo já está à raiz e seu destino será o fogo. A mensagem de João é: arrepender e viver, ou não se arrepender e morrer. Charles Spurgeon é enfático quando escreve: O cortador de todas as árvores infrutíferas chegou. O grande lenhador pôs seu machado à raiz das árvores. Ele ergueu o machado, golpeou e a árvore infrutífera foi abatida e lançada ao fogo.

Sua vida foi um exemplo

Fica claro que João Batista temia a Deus, não aos homens. Quando as multidões vinham a ele no deserto, longe de lisonjeá-las com palavras sedutoras e eloquência vazia, terçava a adaga do Espírito, usando palavras solenes e atitudes graves. João Batista não usava dois pesos e duas medidas, antes confrontava o povo e também o rei. Ele estava pronto para ir para a prisão, mas jamais a silenciar sua voz: "mas Herodes, o tetrarca, sendo repreendido por ele, por causa de Herodias, mulher de seu irmão, e por todas as maldades que o mesmo Herodes havia feito, acrescentou ainda sobre todas a de lançar João no cárcere" (Lucas 3.19,20).

João Batista era profeta do Altíssimo, não arauto da conveniência. Portanto, pregava o evangelho ao povo, não uma panaceia para acalmar corações culpados. Pregava o evangelho, não um anestésico psicológico para manter os pecadores sedados em seus pecados. Lucas registra: "Assim, pois, com muitas outras exortações anunciava o evangelho ao povo" (Lucas 3.18). João Batista pregava arrependimento, não autoajuda. Pregava a verdade, não um evangelho falso. Pregava para salvar as ovelhas, não para entreter os bodes. João Batista anunciava: "Produzi, pois, frutos dignos de arrependimento e não comeceis a dizer entre vós mesmos: Temos por pai a Abraão; porque eu vos afirmo que destas pedras Deus pode suscitar filhos a Abraão" (Lucas 3.8). Seu propósito era alegrar-se em ouvir o Noivo, não agradar as pessoas. Ele pregava o juízo, não amenidades. Vale repetir: ele não era alfaiate do efêmero, mas escultor do eterno. Dizia João à multidão acerca do juízo: "A sua pá, ele a tem na mão, para limpar completamente a sua eira e recolher o trigo no seu celeiro; porém queimará a palha em fogo inextinguível" (Lucas 3.17).

Destacaremos alguns aspectos da coragem de João Batista:

1. *Ele demonstrou coragem ao viver de maneira oposta aos religiosos de sua época*. Sacerdotes, escribas e fariseus gostavam do templo, dos primeiros lugares, das praças e dos holofotes. Enquanto estes eram amantes do dinheiro e do prestígio, João foi para o deserto: "apareceu João Batista no deserto, pregando batismo de arrependimento para remissão de pecados" (Marcos 1.4). Ele não buscava prestígio dos homens, mas a glória de Deus. Ele não buscava glória para si mesmo, mas a honra de Cristo. Ele não estava atrás dos elogios dos homens, mas trabalhava para a salvação deles, anunciando-lhes o evangelho e chamando-os ao arrependimento. Um dos grandes perigos da vida é vivermos embriagados pelo *glamour* do

mundo, seduzidos por sua riqueza e atraídos por seu brilho sedutor. Outro grande risco é a altivez espiritual, em cujo topo de pretensa santidade nos assentamos e passamos a julgar os outros por não serem iguais a nós. A maneira mais vil de nos elogiarmos é criticando os outros. Os fariseus rasgavam seda ao tecer os maiores elogios a si mesmos ao mesmo tempo em que condenavam os outros como pessoas indignas. Atacaram Jesus com ferocidade por quebrar preceitos humanos, a ponto de o taxarem de amigo dos pecadores, glutão, beberrão e, até mesmo, endemoninhado. João Batista distancia-se dessa religiosidade empapuçada de justiça própria para viver de forma íntegra e irrepreensível.

2. *Ele demonstrou coragem ao confrontar os que vinham a ele no deserto.* João Batista chamou as multidões de "raça de víboras" (Lucas 3.7) e ordenou que produzissem frutos dignos de arrependimento (v. 8).

Denunciou a falsa confiança que nutriam na religião que professavam: "não comeceis a dizer entre vós mesmos: Temos por pai a Abraão; porque eu vos afirmo que destas pedras Deus pode suscitar filhos a Abraão" (Lucas 3.8b). Ainda hoje há muitas pessoas que confiam mais em sua própria religiosidade do que em Deus. Estão mais agarradas à tradição religiosa do que à Palavra. Confiam mais em suas leis do que na lei de Deus. Vivem de forma soberba e descansam perigosamente em bases rotas.

Os judeus acreditavam que o fato de serem descendentes de Abraão segundo a carne era um atestado infalível de que estavam salvos. Eles viviam longe de Deus, ao arrepio da lei de Deus, na contramão da vontade de Deus, mas julgavam-se salvos simplesmente por terem o sangue judeu correndo nas veias. Confiavam mais na raça do que na graça. Confiavam mais em si mesmos do que em Deus. João Batista confronta essa tola ideia e combate com veemência tal equívoco. A única prova da nossa salvação é a mudança de vida pela qual passamos. Somos salvos pela graça, não por méritos humanos. Somos salvos *do* pecado, não *no* pecado.

João Batista anunciou o juízo iminente sobre os rebeldes: "E também já está posto o machado à raiz das árvores; toda árvore, pois, que não produz bom fruto é cortada e lançada ao fogo" (Lucas 3.9). João Batista não era homem de meias-palavras. Seu sermão, à semelhança dos sermões puritanos, atingia em cheio o coração dos ouvintes. Sua mensagem era como uma flecha que acerta o alvo. Ele não pregava com o propósito de abrandar a consciência dos culpados, mas para feri-los com a espada do Espírito, levando-os, assim, ao arrependimento. Com o machado à raiz da árvore, a ausência de fruto não é tolerada; portanto, a árvore que não produz fruto é cortada e lançada ao fogo.

João Batista confrontou as multidões dizendo que deveriam demonstrar arrependimento através da misericórdia aos necessitados, dando-lhes roupa e comida (Lucas 3.10,11). Quando a nossa relação vertical com Deus é restaurada, isso é evidenciado pela restauração da relação horizontal. Quem ama a Deus ama o próximo. Quem se volta para Deus também se volta para o próximo. Quem tem o coração convertido tem também o bolso convertido. Dar pão para quem tem fome e roupa para quem está nu é uma demonstração genuína do verdadeiro arrependimento. É óbvio que ninguém é salvo porque ajuda os necessitados. Socorrer os pobres não é a causa da salvação, mas evidência desta. Não ajudamos os pobres para alcançar o céu. Ajudamos os pobres porque somos cidadãos dos céus. Damos comida e roupa aos necessitados não para angariar o favor de Deus, mas fazemos isso como demonstração do favor já recebido. Ajudar os pobres não é em si arrependimento, mas um sinal de sua autenticidade. A salvação não é pelas obras, mas para as obras.

João Batista não deixou de confrontar os publicanos, dizendo-lhes que precisavam parar de extorquir o povo, cobrando impostos além do estipulado (Lucas 3.12,13). O precursor do Messias compreendia que vida certa com Deus implica relacionamentos corretos com os homens. A vida espiritual normatiza todas as outras áreas da vida. Uma pessoa piedosa precisa ser uma pessoa justa, pois é impossível ser uma pessoa piedosa e ao mesmo tempo desonesta nos negócios, ou ser uma bênção na igreja e um problema no lar, ou ser espiritual no templo e um causador de problemas no trabalho.

A desonestidade é uma das doenças morais mais graves na nossa nação. Há corrupção passiva e ativa nos palácios bem como nas igrejas. Há pessoas desonestas fora e dentro da igreja. Há pessoas que vendem a consciência e a própria alma por dinheiro. O verdadeiro arrependimento toca todas as áreas. Uma pessoa salva precisa ter uma vida certa com Deus e com os homens.

João Batista confrontou os soldados dizendo que não podiam usar as prerrogativas de sua ocupação para maltratar as pessoas, fazer denúncias falsas ou corrompê-las para receber dinheiro ilícito (Lucas 3.14). Usar determinada posição social ou um cargo público para oprimir as pessoas e obter com isso proveito próprio está em completo desacordo com o ensino das Escrituras. Estamos fartos de vergonha e decepção de ver alguns dos nossos políticos saqueando os cofres públicos, desviando as riquezas que deveriam socorrer aflitos e construir o bem comum para contas generosas em paraísos fiscais. Estamos repletos de vergonha ao vermos pregadores agir como mascates da fé e retornar às indulgências da Idade Média, vendendo a graça de Deus por dinheiro. Essas práticas foram denunciadas por João Batista como incompatíveis com a vida cristã.

3. *João Batista demonstrou coragem ao proclamar a necessidade de uma mudança radical na vida e na sociedade* (Lucas 3.4-6). O evangelista Lucas, o médico amado, escreve:

> conforme está escrito no livro das palavras do profeta Isaías: Voz do que clama no deserto: Preparai o caminho do Senhor, endireitai as suas veredas. Todo vale será aterrado, e nivelados todos os montes e outeiros; os caminhos tortuosos serão retificados, e os escabrosos, aplanados; e toda carne verá a salvação de Deus (Lucas 3.4-6).

João Batista foi um avivalista. Ele demonstrou a necessidade de preparar o caminho do Senhor para que Jesus Se manifeste e traga salvação a todos (Lucas 3.6). O avivamento é obra soberana do Espírito Santo. O homem não pode determinar o tempo nem o modo do avivamento; pode apenas preparar o caminho para sua chegada.

Em 1966, como eu já mencionei, o Espírito de Deus foi derramado de forma copiosa na Missão Kwa Sizabantu, na África do Sul. Milhares de pessoas foram convertidas e prodígios extraordinários foram realizados pelo poder de Deus. Ali, em uma fazenda, foi construído um templo para 15 mil pessoas, com três reuniões diárias. Pessoas do mundo inteiro visitaram esse local e testemunharam a poderosa visitação divina naquela região. Visitei essa missão em 1991 e ouvi Erlo Stegen, seu líder, dizer que avivamento é preparar o caminho do Senhor para que Ele venha. Nós não produzimos o avivamento, mas preparamos sua chegada. Nós não podemos produzir o vento do Espírito, mas podemos içar as velas em direção a esse vento.

O genuíno avivamento é obra soberana do Espírito Santo de Deus, mas nós podemos buscar, esperar e preparar o caminho para a manifestação desse avivamento. O Senhor se manifesta quando o caminho é preparado. Essa preparação exige uma mudança radical em várias áreas:

Em primeiro lugar, *os vales precisam ser aterrados* (Lucas 3.5). Os vales falam das depressões que existem nos lugares mais baixos da terra. Esses lugares são escuros e cheios de sombra. Assim como há depressões e vales na terra, há também depressões e vales profundos na vida do povo de Deus. Há abismos escuros, impureza, desânimo, comodismo e mundanismo. Os vales também separam os montes. De igual forma, há vales espirituais na família de Deus que separam os irmãos e quebram a comunhão fraternal. Há mágoas e contendas que separam as pessoas. Os vales falam dos abismos que existem na nossa relação com Deus e com o próximo. Esses vales precisam ser aterrados. Mágoas precisam ser perdoadas. Inimigos precisam de reconciliação.

João Batista tem coragem de tocar o nervo exposto de situações dolorosas. Havia feridas abertas nos relacionamentos que ainda estavam sangrando. Havia abismos profundos que precisavam ser aterrados. A vida em Israel estava marcada por profundas tensões teológicas e relacionais. Havia muitos grupos religiosos: os fariseus com seu legalismo rígido; os saduceus com seu liberalismo heterodoxo; os zelotes com seu nacionalismo extremado; os essênios com seu ascetismo exclusivista; os herodianos com seu apadrinhamento político — todos lutando pelos interesses de Roma. Esses grupos estavam, na maioria das vezes, em batalhas veladas e até explícitas entre si. Da mesma forma, o ritualismo estranho à Palavra de Deus havia tomado o lugar de um relacionamento pessoal com Deus. Desse modo, João põe o dedo na ferida e mostra a necessidade imperativa e urgente de aterrar esses vales.

Em segundo lugar, *os montes precisam ser nivelados* (Lucas 3.5). Os montes falam de altivez e soberba. O orgulho é como uma montanha no caminho que impede o Senhor de Se manifestar. Onde há soberba, Deus não se manifesta, pois Ele resiste aos soberbos (1Pedro 5.5). Nabucodonosor tornou-se um bicho e foi comer capim com os animais porque nutriu orgulho no coração e exaltou a si mesmo (Daniel 4.33-37). Herodes AgripaI foi comido de vermes porque não deu glória a Deus (Atos 12.20-24). Antes de o Senhor se manifestar salvadoramente, toda presunção e soberba precisam cair por terra. João Batista é enfático no sentido de mostrar que a salvação não acontece antes de o homem se humilhar. Sem arrependimento, não há conversão. Primeiro o homem reconhece seu pecado, depois é perdoado. Primeiro o homem escuta a lei, depois se deleita na graça.

No entanto, há pregadores que anunciam salvação sem arrependimento. Conversão sem fé. João Batista não se dobrava a essa postura. Antes de toda carne ver a salvação de Deus, os montes precisam ser nivelados!

Os montes falam também de incredulidade. Essa descrença no amor, no poder e na providência divina nos priva das bênçãos e nos faz sofrer as consequências amargas das nossas loucuras. Depois de testemunhar tantos milagres no Egito, o povo de Israel sucumbiu no deserto ao ser influenciado pelo relatório negativo, pessimista e incrédulo dos dez espias. Aquele deserto que era apenas caminho de passagem se tornou o destino de milhares de israelitas. Eles foram derrotados não pelas circunstâncias, mas pelos sentimentos. Receberam exatamente o que sua falta de fé vislumbrou. Pereceram no deserto em vez de conquistar a terra prometida, pois a incredulidade afronta a Deus. Ela põe montes intransponíveis no caminho da bênção dos céus. É um entrave para a chegada do avivamento.

Em terceiro lugar, *os caminhos tortos precisam ser retificados* (Lucas 3.5). Os caminhos tortos falam de vida sinuosa e sem retidão. Caminho torto é dubiedade, hipocrisia e desonestidade. Muitas pessoas são impedimento para a manifestação de Cristo porque têm vida dupla. São uma coisa na igreja e outra em casa. Todo vestígio de vida dupla precisa ser corrigido.

A integridade, no entanto, é uma condição vital para a manifestação gloriosa de Deus entre nós. Enquanto houver pecados escondidos não haverá visitação do céu. O grande impedimento para a chegada do avivamento é o pecado. Deus disse a Josué que enquanto o pecado não fosse removido do arraial de Israel, o Senhor não estaria com eles, nem poderiam eles resistir a seus inimigos (Josué 7.10-13).

O pecado enfraquece a igreja, tornando-a impotente e tímida. O pecado fecha a porta da bênção do céu. Deus disse a Salomão: "Se o meu povo, que se chama pelo meu nome, se humilhar, e orar, e me buscar, e se converter dos seus maus caminhos, então, eu ouvirei dos céus, perdoarei os seus pecados e sara- rei a sua terra" (2Crônicas 7.14).

Em quarto lugar, *os caminhos escabrosos precisam ser aplanados* (Lucas 3.5). O caminho escabroso fala de algo que está fora do lugar. Há algo fora do lugar na sua vida? Seu namoro está no centro da vontade de Deus? Seu casamento está caminhando dentro das balizas da Palavra de Deus? Sua vida financeira está fora da vontade de Deus? Você tem sido fiel a Deus na devolução dos dízimos ou a área da mordomia dos bens está fora da vontade de Deus? Os caminhos escabrosos são os que estão fora do lugar. Tudo o que estiver fora do lugar na nossa vida precisa ser aplanado e corrigido a fim de que o Senhor Se manifeste.

Nesse sentido, João Batista demonstrou coragem ao confrontar os pecados do próprio rei. Ele denunciava o pecado do povo e também os pecados do rei Herodes. João Batista não era um profeta de conveniência: tanto denunciava o pecado no palácio quanto na choupana. Foi incisivo ao denunciar o pecado de adultério e incesto de Herodes com Herodias, além de denunciar suas outras maldades (Lucas 3.18-20). Confrontou o próprio rei Herodes com estas palavras: "Não te é lícito possuir a mulher de teu irmão" (Marcos 6.18). Herodias odiava João Batista e queria matá-lo, mas não podia (Marcos 6.19), porque Herodes temia a João, sabendo que era homem justo e santo: "Porque Herodes temia a João, sabendo que era homem justo e santo, e o tinha em segurança. E, quando o ouvia, ficava perplexo, escutando-o de boa mente" (Marcos 6.20).

O profeta do Altíssimo não pregava para agradar, mas confrontava o próprio rei e sua parceira de adultério. Mesmo sabendo das trágicas consequências de sua denúncia, preferiu ir para a prisão a ser omisso. Preferiu a morte à negligência. João Batista estava disposto a perder a cabeça, mas não a integridade ministerial. Sua coragem foi evidenciada a toda a nação e às gerações futuras.

Capítulo 3

# SUA MORTE
# FOI UM MISTÉRIO

João Batista passou os últimos dias de vida numa cadeia, com escassez de pão e maus-tratos, e terminou degolado na insalubre Fortaleza de Maquero (Lucas 9.9). O maior homem do mundo entre os nascidos de mulher morreu solitário numa masmorra, degolado por ordem de um rei bêbado e fanfarrão, a pedido de uma mulher adúltera e de uma jovem inconsequente e mundana.

A família herodiana tem uma passagem sombria pela história. Tratava-se de uma família cheia de mentiras, assassinatos, traições e adultério. Herodes, o Grande, foi um monarca insano, desconfiado e inseguro, que se casou dez vezes, matou esposas e filhos. Mandou matar as crianças de Belém, pensando, com isso, eliminar o menino Jesus, Rei dos judeus (Mateus 2.16-18).

Herodes Antipas era o filho mais novo de Herodes, o Grande. Ele era chamado de rei, embora seu título oficial fosse "tetrarca" da Galileia (Lucas 3.1,19), ou o governador de uma quarta parte da nação. Quando Herodes, o Grande, morreu, os romanos dividiram seu território entre os três filhos; Antipas foi feito tetrarca da Galileia, aos 16 anos, de 4 a.C. a 39 d.C. Quem era Herodes Antipas?

Em primeiro lugar, *Herodes, um homem perturbado*. Herodes temia João Batista vivo, mas agora o teme ainda mais morto. Sua consciência estava atormentada e ele não sabia como se livrar dela. Em virtude do aparecimento de Jesus, o evangelista Lucas registra:

> Ora, o tetrarca Herodes soube de tudo o que se passava e ficou perplexo, porque alguns diziam: João ressuscitou dentre os mortos; outros: Elias apareceu; e outros: Ressurgiu um dos antigos profetas. Herodes, porém, disse: Eu mandei decapitar a João; quem é, pois, este a respeito do qual tenho ouvido tais coisas? E se esforçava para vê-lo (Lucas 9.7-9).

Herodes divorciou-se da mulher, filha do rei Aretas, para casar-se com Herodias, mulher de Filipe, seu irmão, e também sobrinha sua, mas não conseguiu se divorciar de si mesmo e de sua consciência. Ninguém pode evitar viver consigo mesmo; quando o ser interior se torna o acusador, a vida torna-se insuportável. Herodes, em vez de arrepender-se, endureceu ainda mais o coração. Nada é mais perigoso que uma consciência pesada sem arrependimento. Herodes vivia o conflito entre a consciência e a paixão.

Dois aguilhões feriam a consciência de Herodes: o assassinato de João Batista e o medo de ele haver ressuscitado. João Batista havia se interposto no caminho do pecado de Herodes. Este, para agradar sua mulher e acalmar sua consciência, pôs João na prisão e depois mandou decapitá-lo. Herodias temia o povo, Herodes temia o povo e a João, mas este não temia nem a um nem a outro. João Batista morreu em paz, mas aqueles viveram em tormento.

Em segundo lugar, *Herodes, um homem supersticioso*. Herodes pensou que Jesus fosse João Batista que ressuscitara para o perturbar. O evangelista Mateus registra: "Por aquele tempo, ouviu o tetrarca Herodes a fama de Jesus e disse aos que o serviam: Este é João Batista; ele ressuscitou dos mortos, e, por isso, nele operam forças miraculosas" (Mateus 14.1,2).

Herodes estava tão confuso acerca de Jesus quanto a multidão da Galileia (Mateus 16.13,14). Sua crença estava desfocada. Sua teologia era mística e supersticiosa; uma teologia cheia de superstição traz tormento, não libertação. A superstição é uma fé baseada em sentimentos e opiniões. Não emana da Escritura, mas varia de acordo com o momento. Por isso, não oferece segurança nem paz.

Em terceiro lugar, *Herodes, um homem adúltero*. Herodes Antipas era casado com uma filha do rei Aretas, rei de Damasco. Divorciou-se dela para casar-se com Herodias, mulher de seu irmão Filipe. Herodias era cunhada e sobrinha de Herodes. Era filha de Aristóbulo, seu meio-irmão. Ao casar-se com Herodias, Herodes cometeu pecado de adultério e incesto, violando, assim, a moral e a decência (Levítico 18.16,20,21). O casamento do rei foi duramente condenado por João Batista. O evangelista Mateus escreve sobre esse episódio da seguinte forma: "Porque Herodes, havendo prendido e atado a João, o metera no cárcere, por causa de Herodias, mulher de Filipe, seu irmão; pois João lhe dizia: Não te é lícito possuí-la. E, querendo matá-lo, temia o povo, porque o tinham como profeta" (Mateus 14.3-5).

João Batista era a voz de Deus no deserto e no palácio. Estava pronto a ser preso e a morrer, mas não a se calar. Ele foi enviado por Deus e estava a serviço de

Deus. Era um clarinete cuja voz soou eloquentemente de Deus ao povo e ao rei. Jamais vendeu sua consciência para agradar aos poderosos. Tinha plena consciência de que era um profeta do Altíssimo, o arauto rei. Como testemunha da Luz verdadeira, denunciou as obras das trevas. Como profeta que recebe a palavra de Deus, não se dobrou aos ventos da perseguição, tal qual um caniço. Sua voz ecoou no deserto da Judeia e também dentro do palácio de Herodes.

Em quarto lugar, *Herodes, um homem conflituoso*. O evangelista Marcos escreve: "Porque Herodes temia a João, sabendo que era homem justo e santo, e o tinha em segurança. E, quando o ouvia, ficava perplexo, escutando-o de boa mente" (6.20). Herodes temia João, gostava de ouvi-lo, respeitava-o, mas resolveu prendê-lo. A voz de Herodias falava mais alto que a voz de sua consciência. Ele não foi corajoso o suficiente para obedecer à palavra de João, mas se sentia escravo de sua própria palavra e mandava matar um homem inocente. Não basta admirar e gostar de ouvir grandes pregadores. Herodes fez isso, mas pereceu. Herodes e Herodias estavam tão determinados a continuar na prática do pecado que taparam os ouvidos à voz da consciência e, mais tarde, silenciaram o profeta, mandando degolá-lo. Herodes silenciou João, mas não conseguiu silenciar sua própria consciência culpada.

Em quinto lugar, *Herodes, um homem fanfarrão*. O relato do evangelista Marcos é bastante eloquente:

Porque Herodes temia a João, sabendo que era homem justo e santo, e o tinha em segurança. E, quando o ouvia, ficava perplexo, escutando-o de boa mente. E, chegando um dia favorável, em que Herodes no seu aniversário natalício dera um banquete aos seus dignitários, aos oficiais militares e aos principais da Galileia, entrou a filha de Herodias e, dançando, agradou a Herodes e aos seus convivas. Então, disse o rei à jovem: Pede-me o que quiseres, e eu to darei. E jurou-lhe: Se pedires mesmo que seja a metade do meu reino, eu ta darei. Saindo ela, perguntou à sua mãe: Que pedirei? Esta respondeu: A cabeça de João Batista. No mesmo instante, voltando apressadamente para junto do rei, disse: Quero que, sem demora, me dês num prato a cabeça de João Batista Entristeceu-se profundamente o rei; mas, por causa do juramento e dos que estavam com ele à mesa, não lha quis negar. E, enviando logo o executor, mandou que lhe trouxessem a cabeça de João. Ele foi, e o decapitou no cárcere, e, trazendo a cabeça num prato, a entregou à jovem, e esta, por sua vez, a sua mãe. (Marcos 6.20-28).

Herodes festeja com seus convivas e se embebeda. As festas reais eram extravagantes tanto na demonstração de riqueza quanto na provisão de prazeres. Homens, mulheres, luxo, mundanismo, bebidas, músicas profanas e danças, pecados e Satanás com seus emissários... Tudo estava presente, menos o temor de Deus. É o que ainda hoje tristemente contemplamos na sociedade mundana, sem Deus, transviada e perdida.

Herodes fez promessas irrefletidas a Salomé, filha de Herodias, e, para manter sua palavra, manda decapitar o homem a quem respeitava e temia. Herodes era um homem que agia por impulsos e falava antes de pensar. Ele está no trono, mas quem comanda é Herodias. Ele fala muito e pensa pouco. Quando age, o faz de forma insensata e leviana.

Sua festa de aniversário tornou-se numa festa macabra. O bolo de aniversário não veio coberto de velas, mas coberto de sangue, com a cabeça do maior homem entre os nascidos de mulher, o precursor do Messias. Faltou-lhe coragem moral para temer a Deus em vez de temer quebrar seus votos insensatos, a pedido de uma mulher vingativa e de convivas coniventes.

Em sexto lugar, *Herodes, um homem que fechou as portas da graça com as próprias mãos*. Herodes viveu no pecado. Não ouviu o profeta, prendeu o profeta, matou o profeta e endureceu ainda mais o coração. Mais tarde, Jesus o chamou de raposa. O evangelista Lucas registra o contexto:

> Naquela mesma hora, alguns fariseus vieram para dizer-lhe: Retira-te e vai-te daqui, porque Herodes quer matar-te. Ele, porém, lhes respondeu: Ide dizer a essa raposa que, hoje e amanhã, expulso demônios e curo enfermos e, no terceiro dia, terminarei. Importa, contudo, caminhar hoje, amanhã e depois, porque não se espera que um profeta morra fora de Jerusalém (Lucas 13.31-33).

Quando estava sendo julgado, Jesus esteve com Herodes face a face, mas Herodes zombou de Jesus. Lucas registra assim esse episódio:

> Herodes, vendo a Jesus, sobremaneira se alegrou, pois havia muito queria vê-lo, por ter ouvido falar a seu respeito; esperava também vê-lo fazer algum sinal. E de muitos modos o interrogava; Jesus, porém, nada lhe respondia. Os principais sacerdotes e os escribas ali presentes o acusavam com grande veemência. Mas Herodes, juntamente com os da sua guarda, tratou-o com

desprezo, e, escarnecendo dele, fê-lo vestir--se de um manto aparatoso, e o devolveu a Pilatos (Lucas 23.8-11).

Herodes foi exilado e morreu na escuridão em que sempre viveu. No ano 39 d.c., Herodes Agripa, seu sobrinho, o denunciou ao imperador romano Calígula, e ele foi deposto e banido para um exílio perpétuo em Lyon, na Gália, onde morreu.

O pecado não compensa. O prazer do pecado produz tormento eterno. No entanto, o sofrimento por causa de Cristo não ficará sem recompensa no tempo e na eternidade. Herodes estava no trono; João Batista, na prisão. Hoje, o nome de Herodes está coberto de vergonha e opróbrio, mas o nome de João Batista ainda inspira milhões de pessoas.

Fatos como esses relembram-nos de que as melhores coisas do verdadeiro cristão ainda estão por vir. Seu descanso, sua coroa, sua recompensa estão todos do outro lado da sepultura. Neste mundo, andamos por fé, não por vista. Aqui semeamos, trabalhamos, lutamos e sofremos perseguições, mas esta vida não é tudo. Haverá uma recompensa. Há uma gloriosa colheita por vir. Há um descanso eterno para o povo de Deus. O que nem um olho viu nem ouvido ouviu é o que Deus preparou para aqueles que o amam.

Segundo os padrões do mundo, João Batista foi um fracassado, não um vitorioso. Ele não ajuntou riquezas. Não se titulou como doutor na Universidade de Jerusalém. Não amealhou fortunas nem frequentou as altas rodas sociais. Não foi um pregador popular nem viveu cortejando, no palácio, os aplausos do rei ou os elogios dos sacerdotes no templo.

João Batista morreu jovem, pobre, solitário, sem deixar descendência nem herança. Entretanto, foi o maior homem entre os nascidos de mulher. Cortaram-lhe a cabeça, enterraram-lhe o corpo, mas não sepultaram seu nome. Mesmo depois de morto, João Batista ainda fala. O nome de Herodes caiu no esquecimento. Sua história está coberta de poeira e desgraça, mas João Batista, mesmo depois de morto, ainda fala. Os homens podem matar o pregador, mas não podem matar a pregação. O arauto de Deus pode estar em cadeias, mas a Palavra de Deus continua livre. A Palavra de Deus não pode ser algemada. Deus sepulta os obreiros, mas sua obra continua. O mais importante não é o obreiro, mas a obra; não é o pregador, mas a pregação. Os obreiros vêm e vão, mas a Palavra de Deus permanece para sempre.

Philip James Elliot (1927-1956), missionário americano, mártir do cristianismo, morto pelos índios huaorani, do Equador, imortalizou as prioridades de sua vida numa frase lapidar: "Não é tolo o homem que dá o que não pode reter para ganhar o que não pode perder". João Batista perdeu a vida terrena, mas ganhou a vida eterna. Herodes e Herodias ganharam a vida terrena, mas perderam a vida eterna. O ganho deles foi pura perda. A perda de João Batista foi um ganho de consequências eternas. Jesus disse: "Quem acha a sua vida perdê-la-á; quem, todavia, perde a vida por minha causa, achá-la-á" (Mateus 10.39). Perder com Jesus é lucro; ganhar sem Jesus é perda. João Batista tombou na terra como mártir e levantou-se no céu como príncipe! Sua memória não ficou coberta pela poeira do tempo. Herodes mandou matar João Batista, mas quem foi eliminado dos anais da história não foi João. Este, mesmo depois de morto, constitui-se monumento vivo a refletir seu exemplo para as gerações pósteras.

E Herodes, onde está? Debaixo dos escombros do esquecimento ou coberto pelos trapos da ignomínia.

A morte não põe um ponto final na vida dos servos de Deus, porque não tem a última palavra. Aqueles que morreram por causa de sua fidelidade a Deus são considerados bem-aventurados (Apocalipse 14.13). A morte não é uma masmorra escura, mas uma janela aberta de liberdade. Através dela, somos livres dos grilhões para a liberdade dos filhos de Deus. Morrer é ficar livre do peso. Morrer é cortar as grossas correntes que prendem o nosso batel no ancoradouro deste mundo. Morrer é levantar acampamento e ir rumo a pátria. Morrer é mudar de endereço e ir para a casa do Pai. Morrer é deixar o corpo e habitar com o Senhor (2Coríntios 5.8). Morrer é partir para estar com Cristo, o que é incomparavelmente melhor (Filipenses 1.23). Dessa maneira, os filhos de Deus, que creem em Cristo, não temem a morte, pois são indestrutíveis. A morte não pode separá-los do amor de Deus (Romanos 8.38,39).

Jesus disse que, entre os nascidos de mulher, ninguém foi maior do que João Batista, embora o menor no reino dos céus seja maior do que ele (Lucas 7.28). No reino de Deus, o maior é o menor, e o menor é o maior. No reino de Deus, a pirâmide está invertida. Ser grande aos olhos de Deus é ser pequeno aos olhos do mundo; ser pequeno aos olhos do mundo é ser grande diante de Deus. O menor no reino de Deus viu o que João não viu: a morte e a ressurreição de Cristo.

João Batista é a dobradiça da história. A lei vigorou até ele. Agora, raiou a graça com todo o seu esplendor! João apontou o Messias e saiu de cena. Como mensageiro do Rei, ele apontou para Jesus, Aquele que é cheio de graça e de verdade, a verdadeira Luz que, vinda ao mundo, ilumina todo homem. João olhou para a frente e apontou o Cordeiro de Deus que tira o pecado do mundo. Hoje olhamos para trás e vemos o Messias que já veio, morreu por nós, ressuscitou, está à destra de Deus e intercede por nós. Ele virá pessoalmente, visivelmente, audivelmente, repentinamente, inesperadamente, inescapavelmente, gloriosamente, quando, então, reinaremos com Ele eternamente. Nós, que cremos no nome do Senhor Jesus e que fazemos parte da Igreja do Deus vivo, somos maiores do que João Batista, o maior homem entre os nascidos de mulher.

Assim disse Jesus: "Em verdade vos digo: entre os nascidos de mulher, ninguém apareceu maior do que João Batista; mas o menor no reino dos céus é maior do que ele" (Mateus 11.11).

Capítulo 4

# Eu sou
# João Batista

Eu sou João Batista, filho de Zacarias e Isabel. O meu pai era sacerdote. Um homem muito piedoso. Ele e a minha mãe sempre oraram para terem um filho. Mamãe era estéril, por isso os anos se passavam sem que o pedido deles fosse atendido. Chegaram até a se conformarem em não terem filhos. Pararam de orar. Além disso, a velhice havia chegado para ambos. Era tarde demais para ter um bebê naquela casa.

Um dia, o meu pai estava no templo. Era o dia do turno dele no trabalho. Seu coração estava emocionado, porque, embora tivessem muitos turnos de sacerdotes, esse privilégio não era frequente. Quando papai entrou no santuário para queimar o incenso, um anjo do Senhor falou com ele. Disse-lhe que suas orações haviam sido ouvidas e que eles teriam um filho. Papai duvidou dessa possibilidade. Achou que já não era mais tempo. Em outras palavras, ficou complemente cético. Ainda mais sabendo que a minha mãe, além de estéril, já havia deixado de ter as regras habituais. Como penalidade por sua incredulidade, o Senhor o deixou mudo até o dia em que eu nasci.

Quando saiu do santuário naquele dia, seu semblante estava completamente mudado. Havia um misto de espanto e alegria em seu rosto. Todos podiam ver que algo sobrenatural havia acontecido ali dentro. Por meio dos gestos que ele fazia, compreenderam que um anjo falara com ele e que a minha mãe, mesmo de idade avançada e estéril, daria à luz um filho.

A gravidez da minha mãe foi o comentário na comunidade de sacerdotes. Esse acontecimento levou todos a uma reflexão mais profunda acerca da resposta de Deus às orações. Os meus pais tinham orado longos anos e só então a resposta havia chegado. Mas, em todo esse tempo, Deus, na verdade, ouvia o clamor dos meus pais.

A minha mãe ficou radiante de felicidade! Enfim, Deus estava realizando seu sonho. Seu ventre deixou de ser um deserto para se tornar em um pomar de vida. Preciso dizer a vocês que, mesmo no ventre da minha mãe, eu já era cheio do Espírito Santo. Eu já saltava de alegria.

Quando ela estava com seis meses de gravidez, o anjo Gabriel foi enviado a Nazaré para visitar a minha prima Maria. Ela era ainda muito jovem quando o Senhor a escolheu para ser a mãe do Messias. Imaginem vocês que Deus tem formas, às vezes incompreensíveis, de agir. Na nossa casa, Deus parecia estar atrasado, mas, na casa de Maria, parecia adiantado. Mamãe era velha demais para conceber; Maria jovem demais para dar à luz. Mamãe com longos anos de casamento esperando um milagre para conceber; Maria nem casada estava ainda quando o anjo Gabriel lhe disse que seria a mãe do Salvador.

Quando Maria recebeu essa mensagem angelical não teve dúvidas e, sem falar nada a ninguém, partiu para a casa da minha mãe para visitá-la. O anjo Gabriel reforçou sua mensagem a ela dizendo que para Deus não há impossíveis, uma vez que Isabel, a minha mãe e prima dela, também havia concebido, mesmo sendo velha. Quando Maria chegou, fiquei sabendo que eu pulei de alegria no ventre da minha mãe. Mamãe logo reconheceu que Maria era a mãe do seu Salvador.

Oh, que privilégio! Eu estava sendo separado desde o ventre para ser o precursor do filho de Maria, do Filho do Altíssimo, daquele que haveria de herdar o trono de Davi. Maria exaltou o Salvador por privilégio tão sublime e ficou com a minha mãe até eu nascer. Só depois, voltou para Nazaré, na Galileia.

Soube também que ela tivera sérios problemas ao chegar a Nazaré com evidências de que estava grávida. Aliás, ela estava noiva de José, o carpinteiro da cidade. O noivado, naquele tempo, era coisa muito séria, que só poderia ser desfeito por divórcio. Não querendo difamar Maria, José resolveu fugir secretamente. Ainda bem que um anjo do Senhor lhe mostrou em sonho que o filho de Maria havia sido concebido por obra do Espírito Santo. Dessa forma, José não deveria ter medo de recebê-la como esposa. Ao contrário, deveria pôr o nome de Jesus em seu filho, porque Ele salvaria o povo de seus pecados. José recebeu, então, Maria como sua mulher e não a conheceu intimamente até o nascimento de Jesus.

Enfim, chegou o dia de eu nascer. Papai ainda estava mudo. Por isso, quando eu nasci, deram-me outro nome, Zacarias, mas papai pegou um pedaço de madeira e escreveu: "O nome dele é João". Sim, esse seria o meu nome. Depois desse fato, Deus o curou da mudez, e sua língua foi desimpedida. Nesse mesmo dia, aconteceram dois milagres: o meu nascimento e a cura do papai.

Eu nasci para ser o precursor de Jesus, o mensageiro do Rei. Sempre tive consciência disso. Deus tinha para mim a mais nobre missão, a missão de ver o Messias e preparar o caminho de sua chegada.

Preciso reconhecer que sou um homem estranho para os moldes sociais. Visto-me de forma estranha, com peles de camelos. Alimento-me de modo estranho, mel e gafanhotos silvestres. Vivo num lugar estranho, o deserto da Judeia, e prego num lugar mais estranho ainda, um descampado do deserto, às margens do rio Jordão, um lugar muito quente de dia e bastante frio à noite.

Sou mais conhecido como pregador, mas preciso dizer que também sou um homem de oração e ensinei os meus discípulos também a orar. Prego com firmeza, e a minha mensagem é contundente: o batismo de arrependimento para remissão de pecados. Faço isso porque a religiosidade do povo de Israel, no meu tempo, só tinha pompa. Os líderes espirituais de Israel são como víboras, cheios de veneno. São hipócritas: aparentam o que não são. Os fariseus abandonaram a Palavra de Deus para se apegarem às tradições dos anciãos. São legalistas que impõem pesados fardos sobre o povo. Os saduceus, que lideram o sacerdócio, são homens secularizados, que se juntaram com

Roma para perverter o culto divino e fazer do templo um lugar de negócios. O templo de Jerusalém virou um esconderijo de ladrões. Transformaram a casa de oração num lugar de comércio. Armaram um esquema pecaminoso para auferir lucros dos peregrinos que ali vão adorar, cobrando taxas abusivas. Exigem que os animais para o sacrifício sejam comprados na praça do templo. Tudo isso para que os detentores do poder religioso se enriqueçam.

Por ter crescido no deserto e por não ser afeito aos banquetes dos poderosos, comecei a pregar no deserto e as multidões brotaram de todas as cidades e aldeias. Multidões e multidões fluíam aos borbotões e vinham a mim. Até mesmo fariseus e saduceus se infiltravam no meio dessas multidões. Não os poupei. Denunciei firmemente a hipocrisia deles, chamando-os de raça de víboras. Mostrei a eles que, se não produzissem frutos dignos de arrependimento, seriam cortados desde a raiz e lançados no fogo.

Preciso admitir que Deus estava fazendo uma verdadeira revolução no deserto da Judeia. Eram muitas as pessoas que vinham para confessar seus pecados e receber o batismo. Até mesmo os soldados e os publicanos estavam no meio dessas multidões, demonstrando arrependimento.

Para meu espanto, surgiu do meio da multidão uma pergunta sedutora, que chegou aos meus ouvidos como a voz aveludada da serpente: "Porventura, João Batista, tu não és o Cristo?" Pasmem vocês, queriam me exaltar e me pôr num pedestal. Queriam que eu ocupasse o lugar daquele que eu vim anunciar. Eu não engoli aquela isca venenosa. Fui claro. Disse com todas as letras: "Eu não sou o Cristo. Eu vim apenas para preparar o caminho dele. Eu não sou o Verbo; sou apenas uma voz que clama no deserto. Eu não sou a Luz, sou apenas testemunha da Luz, a saber, da verdadeira Luz que, vinda ao mundo, ilumina a todo homem. Eu não sou o Noivo, sou apenas amigo do Noivo. Eu batizo com água, mas Aquele que vem depois de mim é mais poderoso do que eu e Ele os batizará com o Espírito Santo e com fogo. Eu não sou nem mesmo digno de, curvando-me, desatar as correias de suas sandálias. Eu tenho um lema de vida: convém que Ele cresça e que eu diminua".

O meu ministério foi muito curto. O meu papel era apresentar Jesus e sair de cena. Certa ocasião, Jesus veio a mim para ser batizado. Fiquei perplexo, porque eu é que deveria ser batizado por Ele. Mas Jesus me explicou que estava se submetendo ao batismo não porque tivesse pecado pessoal do qual se arrepender. Ele estava sendo batizado para cumprir a justiça, uma

João Batista — o mensageiro do Rei

vez que estava se identificando com os pecadores para morrer pelos pecados deles. Quando Jesus foi batizado, algo glorioso aconteceu. Os céus se fenderam e o Espírito Santo desceu sobre Ele em forma de pomba, e do céu ouviu-se uma voz: "Este é o meu Filho, o meu amado, nele tenho todo o meu prazer".

Logo depois que Jesus foi batizado, começou seu ministério público. Ele foi revestido de poder para pregar, para libertar e para curar. Por meio dele, os cegos viram, os surdos ouviram, os mudos falaram, os coxos andaram, os leprosos foram purificados e os mortos ressuscitaram. As multidões passaram a segui-lo. Eu já havia apresentado Jesus ao povo, dizendo a todos: "Eis o Cordeiro de Deus, que tira o pecado do mundo".

Preciso contar um fato para vocês. O rei Herodes Antipas, o tetrarca da Galileia, foi em certa ocasião a Roma e lá se engraçou com sua cunhada, que também era sua sobrinha e mulher de Filipe, seu irmão. O nome dessa mulher era Herodias. Herodes já era casado com a filha do rei Aretas. No entanto, uma paixão louca e explosiva surgiu entre Herodes e Herodias. Essa mulher não era flor que se cheirasse. Ela largou o marido e se uniu a Herodes, que era seu cunhado e tio. Foi um verdadeiro escândalo. Herodes cometeu o pecado de adultério e de incesto. Mesmo sendo um homem mau e perigoso, eu não me intimidei. Denunciei seu pecado e disse a Herodes que ele não poderia possuir Herodias, a mulher do próprio irmão.

Isso foi o mesmo que mexer num vespeiro. Esse casal imoral e sem escrúpulos passou a me odiar. Como retaliação à minha reprovação por seu pecado, puseram-me na cadeia, um cárcere horrivel, chamado Maquero, às margens do mar Morto. Por muito tempo, fiquei trancado naquela prisão imunda e quente. Enquanto estava preso, Jesus realizava grandes milagres em suas andanças pelas cidades e aldeias. Os meus discípulos, que me visitavam no cárcere, me traziam todas essas notícias.

Os meus dias naquela prisão não foram nada fáceis. Tive dias de angústia e perplexidade. As dúvidas não demoraram a me assaltar. Por que ainda estava naquela prisão? Por que Jesus não vinha me libertar, já que Ele demonstrava seu pleno poder na vida de tantas pessoas? Estava muito perturbado com todos esses questionamentos. Até mandei alguns dos meus discípulos a Jesus perguntando se Ele era mesmo o Messias, ou teríamos de esperar outro. Ao receber os meus emissários, Jesus disse a eles: "Falem com João o que vocês estão ouvindo e vendo: os cegos veem, os coxos andam, os leprosos são purificados, os surdos ouvem, os mortos ressuscitam, e aos pobres está sendo pregado o evangelho. Bem-aventurado é aquele que não achar em mim motivo de tropeço".

Na verdade, Jesus não me reprovou por meus momentos de fraqueza; ao contrário, disse para seus discípulos que eu não era um caniço agitado pelo vento. Disse ainda que, embora eu não fosse um homem que usasse roupas finas e frequentasse os palácios, era mais do que um profeta. Jesus deixou claro que eu era o seu mensageiro, enviado adiante dele. Jesus chegou a afirmar que, entre os nascidos de mulher, ninguém era maior do que eu.

Preciso compartilhar com você algo que aconteceu comigo. O rei Herodes fez uma grande festa de aniversário. Convidou muita gente — as pessoas mais ricas e influentes da Galileia. Nessa festa, houve muita bebedeira e muita dança. A filha de Herodias dançou diante de Herodes com tanta desenvoltura que o rei, em seu estado de êxtase, prometeu dar a ela o que ela pedisse, ainda que fosse a metade do reino. A jovem, instruída pela mãe, pediu a Herodes a minha cabeça num prato. Herodias me odiava e aguardava uma oportunidade para me matar. Herodes, então, ficou embaraçado diante desse pedido repentino e inusitado da menina, mas, para não ficar em maus lençóis com seus convidados, ordenou que eu fosse decapitado na prisão e que a minha cabeça fosse levada diante dele. Os algozes rapidamente foram à Fortaleza de Maquero. Eu fui arrancado às pressas dos porões daquela masmorra e fui sumariamente decapitado.

Para um observador desatento, talvez eu tenha tido um fim trágico. Mas confesso que é melhor ter a cabeça decepada do que transigir com o pecado. É melhor ser degolado do que ser um profeta da conveniência. O que importa para um homem não é como ele morre, mas como ressuscita. Cumpri inteiramente o ministério que recebi. Apresentei Jesus. Preparei o caminho do Messias e O apontei como o Cordeiro de Deus que tira o pecado do mundo. A minha morte foi uma tragédia para aqueles que a planejaram e a executaram, mas não para mim. O túmulo não é o meu último endereço. Deixei o meu corpo para habitar com o Senhor. Deixei a prisão para ir para o céu. Deixei o sofrimento atroz para desfrutar das bem-aventuranças eternas.

Ah, valeu a pena viver para ver Jesus e anunciá-lo. Valeu a pena morrer e glorificar Jesus com a minha morte. Valeu a pena entrar na história e sair dela como o escolhido de Deus para ser o precursor do Messias, o mensageiro do Rei dos reis e do Senhor dos senhores!

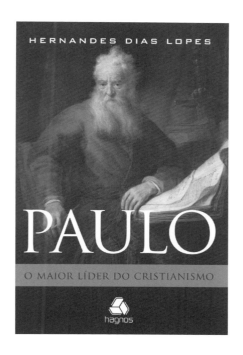

Quem era esse homem que provocava verdadeiras revoluções por onde passava? Quais eram suas credenciais? Quem eram seus pais? Onde nasceu? Como foi educado? Que convicções religiosas nortearam seus os passos? Suas cartas ainda falam. Sua voz póstuma é poderosa. Milhões de pessoas são abençoadas ainda hoje pela sua vida e pelo seu legado.

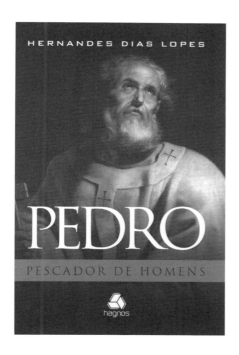

Ele é o personagem mais contraditório da história. Oscilava desde os picos mais altos da coragem até as profundezas da covardia. Com a mesma velocidade que avançava rumo à devoção mais fiel, dava marcha a ré e tropeçava em suas próprias palavras.
Pedro é o nosso retrato. É a síntese da nossa biografia. Temos o DNA de Pedro. Oscilamos também entre a devoção e a covardia. Falamos coisas lindas para Deus e depois tropeçamos em nossa língua e blasfemamos contra Ele. Prometemos inabalável fidelidade e depois revelamos vergonhosa covardia. Mas aprendemos nesse livro que nenhum desses problemas impede a graça de Deus de nos usar de forma poderosa em sua obra de salvar vidas.

Sua opinião é importante para nós.
Por gentileza, envie-nos seus comentários pelo e-mail:

**editorial@hagnos.com.br**

Visite nosso site:

**www.hagnos.com.br**